그래서 붓다
유쾌하게 산다는 것

NHKSHUPPAN MANABI NO KIHON
BUDDHA GA OSHIERU YUKAINA IKIKATA
Copyright © 2019 Fujita Issho

Originally published in Japan by NHK Publishing, Inc.
All rights reserved.
Korean Translation copyright © 2022 by Read Innovation.
This Korean edition is published by arrangement with CUON Inc.

이 책은 쿠온(CUON Inc.)을 통해 저작권자와 독점계약한 독개비출판사에서 출간되었습니다.
저작권법에 따라 한국 내에서 보호받는 저작물이므로 무단전재와 복제를 금합니다.

그래서 붓다

유쾌하게 산다는 것

후지타 잇쇼
박제이 옮김

독개비

머리말

—

'배움의 기본'을
불교에서 배우다

—

여러분이 이 책을 선택한 이유는 불교에서 배움을 얻고 싶기 때문일 것이다. 그러나 앞으로 내가 이야기할 내용은 불교의 기초 지식이 아니다. 불교의 역사나 교리, 종파의 차이 등은 이미 수많은 책에서 소개했다. 이 책에서는 그것과는 다른 시각으로 불교를 다시금 살펴보고자 한다.

불교의 기초 지식을 배울 생각이었던 분은 무슨 소리인가 싶을지도 모르겠다. 죄송한 마음이다. 하지만 그런 마음을 낸 사람에게 중요한 것은 불교의 기초 지식보다는 '불교적으로 배우는 법'일 것이다. 불교에는 우리 삶을 풍요롭게 해 주는 배움의 방법이 있기에 그것을 전하고자 한다.

불교는 기원전 5세기경 인도에서 고타마 싯다르타가 깨달음을 얻고서 붓다(깨달은 사람)가 된 것에서 시작되었다. 붓다가 사람들에게 설파한 가르침은 훗날 경전으로 정리되었고 다양하게 형태를 바꿔가며 이어져 내려와 현대 불교의 형태를 마련했다.

하지만 붓다에게는 완성된 형태의 '불교' 따위는 없었다. 그는 그저 인도의 대지 위에서 '깨달은 사람'으로서 자유롭게 살았을 뿐이다. 자유롭게 살아가면서 날마다 명상으로 깨달음의 깊이를 더했다. 자연이나 인간을 통해 평생 수행을 이어간 '배우는 사람'이었다. 그런 그의 모습을 보고 '자유로워 보인다' '즐거워 보인다' 하며 매료된 사람들이 그의 주변에 모여들면서 승가(僧伽, 수행자 공동체)를 이루었다. 그것은 붓다의 가르침을 본보기로 삼고 살아가려는 사람들의 모임이었다.

붓다의 말뿐 아니라 붓다의 인생 그 자체를 보면 우리는 더욱 자유롭게, 그리고 무엇보다 '유쾌하게' 살아갈 수 있다는 사실을 깨닫게 된다. 불교에는 다양한 교리가 있지만, 무엇보다 중요한 것은 '붓다처럼 유쾌하게 살고 싶다'는 마음속 깊은 곳에서 우러나오는 바람이라고 나는 생각한다. 배움은 인간에게 커다란 기쁨이다. 불교의 가르침을 길잡이로 삼는다면 유쾌한 인생에 가까워질 수 있다.

그렇다면 유쾌한 인생이란 어떤 것일까? 지금껏 여러분이 가지고 있던 불교에 대한 선입견을 버리고 배워 나가기로 하자.

차례

머리말_'배움의 기본'을 불교에서 배우다 … 4

1장 부처의 배움이란

배움_삶을 가꾸어 가는 것 … 12

오가닉 러닝_일상 속에서 자연스럽게 … 15

싯다르타_존재를 자각하다 … 18

출가_문을 열고 진리를 찾아서 … 24

실망_명상은 근원적인 진리에 다다를 수 없다 … 27

고행_아무것도 해결할 수 없는 기술 … 32

싯다르타_서른다섯 살, 붓다가 되다 … 36

깨달음_'내가 바로 악마'라는 사실 … 39

좌선 수행 1_인생의 풍경이 바뀌는 경험 … 43

좌선 수행 2_선에서 답을 발견하다 … 47

불교_유쾌한 삶을 배우기 위한 참고서 … 50

2장 배우는 것은 바뀌는 것이다

발보리심_모르는 세계를 배우고자 하는 마음 … 54

생로병사_유쾌한 인생의 조건 … 58

선禪 1_상식을 뒤집다 … 61

선禪 2_붓다를 만나면 붓다를 죽여라 … 65

좌선_순수한 놀이 같은 수행 … 70

깨달음_배움을 계속 이어가는 것 … 74

수행_배우며 살며 알아가는 것 … 77

배우는 기쁨_존재의 풍요로움을 배우는 길 … 81

3장 수행은 즐겁고 유쾌한 것이다

좌선의 반전_누구나 할 수 있는 생활 실천 … 86

나무 아래 좌선_살아있음이 유쾌한 방향으로 … 90

좌선의 향기_지금 자신의 심신으로 행하는 일 … 95

패러다임의 전환_힘을 빼고 마음을 평안하게 … 199

두잉에서 빙으로_지금 여기에 존재하라 … 102

하지 않기_유쾌한 인생을 위해 반드시 필요한 능력 … 105

수행_즐거운 탐구가 끝없이 이어지는 길 … 109

불교를 배운다는 것_나를 배운다는 것 … 113

4장 유쾌하게 사는 법

유쾌한 삶의 조건_사는 것 자체가 기쁜 전생 … 118

두카_있는 그대로 보고 이해하고 받아들이자 … 123

받들겠습니다_인생이 완전히 달라지는 각오 … 126

근본에 있는 나_지금 필요한 것을 하라 … 131

유쾌한 빙 모드_문을 활짝 열어야 통할 수 있다 … 136

수행의 완성_불방일하자 … 140

위파사나_깨어 있는 얼굴로 그대로 보는 것 … 143

초심_아는 것부터 내려놓자 … 149

맺음말_나는 어떻게 삶을 배워나갈 것인가 … 153

Chapter

1

부처의
배움이란

三

배움

삶을
가꾸어 가는 것

불교는 우리에게 매우 친근한 종교다. 그러나 정작 불교가 무엇이냐는 질문을 받으면 대부분 '어려워서 잘 모르겠다'고 답할 것이다.

불교에는 수많은 종파가 있고 경전도 다양하지만 그 차이는 잘 모른다. 스님들은 깨달음이나 해탈이라는 특별한 체험을 하기 위해 뭔가 어려운 수행에 몰두하는 듯하다. 가까이 있기는 하지만 나와는 관계가 없는 신비한 세계. 이것이 대부분의 사람들이 불교에 대해 가지고 있는 이미지일 것이다.

하지만 내가 볼 때 이러한 불교의 이미지는 본래 불교의 모습과는 꽤 다르다. 불교는 어려운 것도 신비로운 것도 아니다. 오히려 무척 단순하고 일상생활에 직결되어 있다. 이제부터 그런 오해를 조금씩 풀어가고자 한다.

불교는 '행行의 종교'다. '행'이란 몸과 마음으로 온전히 행하는 수행을 가리킨다. 특히 내가 배워온 선禪의 세계에서는, 좌선은 물론이고 청소나 식사 등의 일상생활 전반을 수행으로 간주한다. 삶 그 자체에서 배우는 일이 바로 수행이다. 당연한 일상이 성스러운 도량道場이 되도록 힘쓰는 것이 바로 불교다. 그런 점에서 신에 대한 신앙을 중심으로 하는 종교와는 유형이 다르다.

팔리어*로 수행은 바바나Bhavana인데, 원뜻은 '무엇인가를 존재하도록 촉진하는 것'이라고 한다. 영어로는 cultivate에 해당한다. '문화culture'와 같은 어원으로 '일구다' '육성하다' '증식시키다'라는 뜻이 있다. 즉 수행이란 생활을 일구어 선한 것을 기르는 일이다.

나에게 있어 수행이란, 새싹을 정성스럽게 보살펴서 커다란 나무가 되도록 살뜰히 가꾸는 것이다. 그것은 불교의 '배움의 과정' 그 자체다.

----

* Pali. 인도의 지역 방언으로 남방 소승불교의 성전에 쓰임.

三

오가닉 러닝

일상 속에서
자연스럽게

불교의 배움은 학교 수업에서 하는 배움과는 양상이 다르다. 예를 든다면, 학교에 가기 전 아기의 배움이다.

갓 태어난 아기는 호기심을 가득 안고 주변 사물을 접하면서 다양한 것을 자연스럽게 익히기 마련이다. 본인에게 배운다는 의식이 있는 것도 아니고 주변 어른도 딱히 무엇인가를 가르치려고 하지 않는다.

그런데도 두 살 정도가 되면 어느덧 걷기도 하고 말도 한다. 놀고 있는 듯 보이지만 자연스럽게 깊은 배움이 일어났기 때문이다. 모든 활동이 배움이며, 모든 체험이 아기를 변화시킨다.

언제 어디에서 배웠는지 본인은 모르지만, 주변과 교류함으로써 무엇인가를 자연스럽게 배워 나간다. 이러한 배움을 나는 '오가닉 러닝organic learning'이라고 부른다.

한편, 학교에서의 배움은 어떤가. 과목별로 교과서가 있고 배우는 내용이 정해져 있으며 시간표에 따라 교사가 교실에서 그 내용을 가르쳐 준다. 그런 조건 아래에서 열심히 공부하는 것이 '학교적 배움'이다. 당연히 배움의 정도를 가늠하는 시험도 봐야 한다.

'불교적 배움'은 다르다. 물론 경전을 읽기도 하지만 일상생활 전체에서, 언제 어디서든 오가닉하게 배운다. 교과서도 없고 교사가 일일이 숟가락으로 떠먹여 주지 않으므로 무엇을 어떻게 배울지는 그 사람에게 달려 있다. 시험도 졸업도 없다.

불교가 어렵다는 사람은 불교를 지식으로 받아들이고 있지 않은지 생각해 보라. 학교적 배움밖에는 모르는 탓에 배움이 곧 말이나 논리를 머리로 이해하는 것이라고 자칫 생각하는지도 모른다.

자, 이제부터 여러분이 지닌 배움의 상식에 오가닉 러닝도 더하도록 하자. 아기가 자연스럽게 말과 움직임을 익히는 오가닉 러닝은 나이에 따른 기억력이나 운동 능력의 쇠퇴와는 상관없이 일생에 걸쳐 이어질 수 있다.

여기에 불교 수행이 무척 도움이 된다. 바로 이 오가닉 러닝의 모델로써 불교를 다시 바라보는 것이 이 책의 목적이다.

싯다르타

존재를
자각하다

불교의 배움은 창시자라 불리는 붓다의 배움에서 시작된다. 그렇다면 불교적인, 오가닉한 배움이란 어떤 것일까? 붓다의 인생을 거슬러 올라가면서 찾아보기로 하자.

붓다, 즉 고타마 싯다르타는 기원전 5세기 전후, 현재의 인도와 네팔의 국경 지역에 있던 카필라바스투Kapilavastu 교외에서 태어났다. 카필라바스투는 석가족釋迦族이 통치하는 작은 왕국의 수도였다. 고타마는 이 왕국의 대를 이을 왕자였다.

인도에는 고대부터 계급 제도가 있었는데 부모의 계급으로 자식이 인생이 정해졌다. 고타마의 아버지인 숫도다나(Suddhodana, 정반왕)는 왕족이라는 높은 신분이었기에, 자연히 고타마도 태어나면서부터 풍요로운 삶을 약속받았다.

고타마는 태어난 지 여드레 만에 친어머니를 여의었으나, 유복한 가정에서 아무런 부족함 없이 자랐다. 입을 것과 먹을 것 모두 고급으로만 풍족하게 누렸으며 수많은 시종을 거느렸다. 후계자에 걸맞은 교양을 배우면서 우아한 생활을 영위했다.

그러나 궁전 바깥으로 나가는 것은 허락되지 않았다. 놀이 상대도 부모가 정해 주는 사람으로 한정되었다. 세상의 떠들썩함은커녕 비바람조차 경험하지 못한 채 금지옥엽으로 자란 것이다.

그는 열일곱 살 무렵에 일족의 장로들이 고른 상대와 결혼하여 자식을 낳았다. 사랑하는 가족도 꾸렸고 남부러울 것 하나 없는 미래가 약속된 인생이었다. 이대로 주어진 인생을 받아들이기만 하면 아무런 고난도 없을 터였다.

하지만 그렇게 부모가 깔아 준 레일 위에는 없었던 어떤 사건이 그를 수행의 길로 이끈다. 바로 인간이 살아가면서 피할 수 없는 노병사老病死를 자각한 일이다.

어느 날, 청년 고타마 싯다르타는 그때까지 본 적이 없었던 성벽 바깥을 구경하려고 마차를 타고 동쪽 문으로 나갔다. 성 밖으로 나간 것은 그때가 처음이었다.

그는 그곳에서 늙고 병들어 지팡이에 의지한 노인을 보고는 마부에게 물었다.

"저것은 무엇이냐?"

"저것은 노인입니다."

"왜 저렇게 늙은 것이냐?"

"살아 있는 인간은 누구나 언젠가는 저렇게 육체가 쇠하는 법입니다."

그는 충격을 받았다. 그때까지 한 번도 본 적 없던 '늙음'이라는 고통을 처음으로 깨달은 것이다. 심지어 언젠가 자신도 반드시 늙는다지 않는가! 그는 이날 이후 홀로 우울하게 생각에 잠기는 일이 많아졌다.

당시의 심경이 오래된 경전에 이렇게 쓰여 있다.

어리석은 중생은 자신 또한 늙으며 심지어 늙음을 피할 수 없으면서 늙고 쇠약해진 다른 사람을 보고 생각에 잠기고 고뇌하며, 부끄러워하고 혐오한다. 나 또한 늙어갈 터이고 늙음을 피할 수 없으면서 늙고 쇠약해진 다른 사람을 보고 고뇌하고 부끄러워하며 혐오하리라. 이런 건 나에게는 어울리지 않는다면서.

내가 이렇게 관찰하는 순간, 청년 시절에 지니는 의기意氣는 완전히

사라지고 말았다.

나카무라 겐中村元 선집 11권 『고타마 붓다 석존의 생애ゴータマ・ブッダ―釈尊の生涯』

얼마 뒤, 고타마는 이번에는 남쪽 문으로 나갔다가 비쩍 마른 병자를 보았다. 그다음 서쪽 문으로 나갔을 때는 죽은 이의 장례식 행렬을 목격했다. 그때마다 고타마는 "저것은 무엇이냐?"라고 마부에게 물었다. 놀랍게도 "살아 있는 인간은 누구나 저렇게 됩니다"라는 답이 돌아왔다.

이렇듯 고타마는 인간이 살아있는 한 노병사라는 고통을 피할 수 없다는 사실을 알았다. 노병사의 고통은 지금껏 자신이 선택해온 지식으로 해결할 수 있는 수준의 문제가 아니었다. 그는 그러한 커다란 문제를 껴안고 고뇌하게 되었다. '마치 심장에 독화살이 깊게 박힌 사자 같았다'고 고백한다.

그리고 그는 북쪽 문밖에서 머리를 깎고 출가하여 가사를 입은 사람을 보게 된다. "저 사람은 왜 저런 모습을 하고 있느냐?"라고 묻자 마부은 이렇게 답했다.

"저 사람은 출가한 수행자입니다. 올바르게 행함으로써

언제나 견디고 인내하며 사람들에게 자비를 베푸는 존재입니다."

그 모습은 청년 고타마에게 신선하게 비쳤다. 이렇게 그의 마음속에 '언젠가 출가하여 노병사의 고뇌를 해결할 길을 찾고 싶다'는 생각이 조금씩 자라났다. 이 일화를 사문유관四門遊觀이라고 한다. 아마도 역사적 사실은 아니겠지만, 불교의 출발점으로서 매우 중요한 사건이다.

이것에 견줄 만한 '나만의 사문유관 체험'이 없으면 불교에서 배움을 얻기란 어려울 것이다. 그것이 없다면 불교란 '나에게 말을 걸어 주는 배움'이 아니라 그저 '옛날에 누군가가 한 이야기'에 지나지 않는다.

불교는 '삶은 즉 고뇌'라는 커다란 문제를 자각하는 데서 출발하기 때문이다.

출가

문을 열고
진리를 찾아서

고타마의 아버지 숫도다나는 외출에서 돌아올 때마다 아들이 울적해 하는 것을 보고 '저러다 출가하는 것 아닐까' 하며 걱정했다. 애초에 그가 아들을 궁전 밖에 못 나가게 한 것은 출가를 막기 위해서였다. 아들이 태어났을 때 유명한 아시타Asita 선인이 찾아와서 이렇게 예언했기 때문이다.

"이 아이는 출가하면 세상을 구원할 최고의 성인이 될 것입니다. 하지만 속세에 남는다면 전륜성왕(세계를 지배할 최고 권력자)이 될 것입니다."

아버지로서는 소중한 후계자가 출가하는 일만큼은 그냥 두고 볼 수 없었다. 출가란 속세에 의문을 품는 것에서 시작된다. 그래서 숫도다나는 아들을 문 안에 가두고 인생의 부정적인 측면을 전혀 보지 못하도록 했다. 그 대신 원하는 것은 무엇이든 해 줌으로써 세상이나 인생에 의문을 품지 않도록 한 것이다.

숫도다나는 당연히 고뇌에 빠진 아들이 걱정되어 대책을

강구했다. 밤낮 가리지 않고 연회를 열고 여인들을 아들 주변에 두어 한눈팔게 하려는 목적이었다.

숫도다나가 용의주도하게 마련한 레일 위를, 아무런 의문도 가지지 않고 나아가기만 하면 고타마는 평생 안온하고 무사히 살았을지도 모른다.

그러나 고타마는 감수성이 다른 사람보다 훨씬 예민했다. 부친이 준 향락적인 환경과 물질적으로만 충족된 생활에, 그는 언제인가부터 진절머리가 났다.

이 '진절머리'라는 감수성은 무척 중요하다. 성 바깥으로 나간 것도 그런 배경이 있기 때문이다. '더욱 넓고 새로운 세계로 나아가 인간의 고뇌를 해소할 방법을 알고 싶다.' '인생의 진리를 배우고 싶다.' 그러한 새로움 배움에 대한 생각이 차오르고 차올라, 고타마는 결국 문 바깥 세계로 뛰쳐나갔다. 스물아홉 살 때의 일이다.

三

실망

명상은 근원적인 진리에
다다를 수 없다

마침내 안락한 집과 사랑하는 가족을 버리고 출가한 고타마가 가장 먼저 향한 곳은 당시 대도시인 마가다Magadha 왕국의 수도 라자그리하Rajagriha였다. 자유의 몸이 된 고타마는 마가다국의 왕 빔비사라Bimbisāra 앞에서 이렇게 말한다.

> 전하, 저기 보이는 설산(히말라야) 쪽에 정직한 민족이 하나 있습니다. (중략) 저는 그 집에서 출가했습니다. 욕망을 이루기 위함이 아닙니다. 모든 욕망에는 고통이 따르기 마련이라는 것을 보고, 출가야말로 안온하다는 것을 알고 열심히 애쓰기 위해 정진하려 합니다. 저의 마음은 그것을 즐기고 있습니다.
>
> 『붓다의 말 수타니파타ブッダのことば スッタニパータ』 나카무라 겐 번역

고타마는 이곳에서 문제를 해결하는 법을 배우고자 했다. 그러려면 우선 스승을 찾아야 했다. 인도는 지금도 영적인 행법*의 보고宝庫지만, 당시에도 요가나 명상을 가르치는 스

승이 각지에 있었다.

그는 명상의 달인 알라라 칼라마Alara Kalama를 찾아간다. 알라라는 제자를 300명이나 거느리고 있었다. 그는 명상을 통해 무소유처정無所有処定이라는 경지에 이를 수 있는 유명한 명상가였다.

무소유처정은 명상으로 이를 수 있는 특별한 마음 상태로, 선정禪定의 8단계 중 7단계에 해당하는 고도의 경지다. 그러나 고타마는 얼마 지나지 않아 무소유처정의 경지에 도달해 버렸다. 명상에 재능이 있었던 것인데, 배운 방법대로 하자 곧바로 목표를 달성해 버린 것이다.

스승인 알라라는 그의 재능을 크게 칭찬하며, 자신과 함께 이곳에서 제자들을 지도하지 않겠느냐고 권했다. 그러나 고타마는 그가 가르치는 명상법에 이미 실망한 상태였다.

> 이 가르침은 염리厭離를 따르지 않고, 이욕離欲을 따르지 않고, 지멸止滅을 따르지 않고, 정각正覚을 따르지 않고, 평안을 따르지 않는다. 그

----

* 行法, 불교에서 수행하는 방법을 이르는 말.

저 무소유처를 얻기만 할 뿐.

나카무라 겐 선집 11권 『고타마 붓다 석존의 생애』

염리(더러운 사바 세계를 떠나는 일), 이욕(집착에서 벗어나는 일), 지멸(마음의 움직임을 멈추는 일), 평안, 지智, 정각(올바른 깨달음). 이것들은 인생의 진리를 추구할 때 고타마가 필요하다고 생각한 조건이다.

알라라의 가르침과 실천으로는 이런 것들을 전혀 얻을 수 없었다. 그저 무소유처정의 경지에 이를 뿐이었다. 고타마는 그것으로는 절대 만족할 수 없었기에 '이 가르침을 존중하지 못하고, 이 가르침에 만족하지 못하여' 떠나간 것이다.

다음으로 웃다카 라마풋타Uddaka-Rāmaputta라는 다른 명상 지도자를 찾아가 가르침을 받았다. 웃다카는 알라라의 무소유처정보다 더욱 높은 비상비비상처정非想非非想処定(생각이 있는 것도 아니고 없는 것도 아닌 선정삼매禪定三昧 가운데 하나의 경지)이라는 경지에 오를 수 있는 달인으로, 700명이 넘는 제자를 거느리고 있었다.

고타마는 이때도 얼마 지나지 않아 비상비비상처정에 이

르게 된다. 그리고 또다시 가르침에 만족하지 못하여, 웃다카의 권유를 뿌리치고 그곳을 떠났다.

왜 이런 명상법은 성에 차지 않았던 것일까? 그것은 마음을 조작하는 단순한 방법을 연습하는 것만으로는 고타마가 품었던 실존적 문제까지 깊이 있게 도달하지 못했기 때문이다.

가령 '마음의 작용을 멈춘다' 등의 기술을 습득했을 때 그것을 그만두면 다시 원래로 돌아간다. 기존의 나와 본질적으로 달라지지는 않는 것이다. 오히려 그런 경지에 집착함으로써 이전보다 불안과 번뇌가 더 커질 수 있다.

이때 고타마의 명상법 수행은 앞서 말한 학교적 배움과 크게 다르지 않았다고 생각한다. 이미 확립된 방법을 스승에게 배우고, 차차 잘하게 되고, 점점 진보하고, 마지막에는 '자, 합격!' 하며 당당하게 졸업하여 자격증을 받는 배움을 말한다. 물론 그것도 나쁘지는 않지만 '나는 어떻게 살 것인가' 하는 인생의 근원적인 문제와는 상관이 없다.

싯다르타의 문제의식으로 보자면, 그러한 학교적 배움으로 아무리 스승에게 칭찬을 받는다 해도 만족할 수 없었던 것이다.

三

고행

아무것도
해결할 수 없는 기술

명상법에는 길이 없음을 깨달은 싯다르타는 다음으로 고행의 길로 나아간다. 고행이라는 것은 육체를 힘들게 하고 괴롭힘으로써 정신을 정화하려는 수행법이다. 마음으로 접근하는 방법인 명상이 제대로 기능하지 않았기에, 이번에는 몸으로 접근하기를 시도한 것이다. 당시에는 명상과 고행이 종교적인 양대 행법이었다.

싯다르타는 고행의 전문가들이 모이는 산림에 칩거했다. 그 길의 선배들에게 가르침을 받으며 철저한 고행에 몰두했다. 어떤 때는 자기 머리카락이나 수염을 뽑았다. 또 어떤 때는 장시간 서 있기도 하고 반대로 웅크리고 있기도 했다. 가시덤불 위에 엎드리기도 하고 호흡을 멈추는 수행도 했다.

단식에도 도전했다. 하루에 대추 한 알, 혹은 쌀알 한 알만 먹었기에 몸은 비쩍 말랐고 눈은 깊게 파였으며 피부는 검게 변했다. 그렇듯 심하게 쇠약해진 모습으로 누워 있으니 목동들은 시체라고 생각해 그에게 침을 뱉고 오줌을 갈기거나 양쪽 귓구멍에 나무 조각을 집어넣기도 했다.

이렇듯 과격한 고행에 싯다르타는 6년을 할애했다. 다음은 당시를 회상한 말이다.

> 과거의 그 어떤 수행자도 나보다 더 극심하고 맹렬한 고통을 받은 사람은 없을 것이다. (중략) 그러나 아무리 극심한 고행을 하더라도 인간을 뛰어넘는, 완전히 신묘하고 뛰어난 경지에 도달할 수는 없다. 깨달음에 이르려면 다른 길이 있을 것이다.
>
> 나카무라 겐 선집 「고타마 붓다 석존의 생애」

고타마는 고행 또한 가망이 없음을 깨닫고 산에서 내려와 강에서 몸을 깨끗이 씻었다. 잘 걸을 수도 없을 정도로 쇠약해져서 나무 아래에서 쉬고 있던 그에게 수자타라는 시골 아가씨가 타락죽을 공양했다. 따뜻하고 달콤한 죽은 그의 쇠약해진 몸과 마음 곳곳에 퍼졌다.

그런 그의 모습을 보고 '고타마는 타락했다'고 비판한 고행자들도 있었지만, 그는 확신했다. 몸이 이렇게까지 쇠약해지면 마음의 안락을 얻을 수는 없다고. 마음에 접근하는 명상에 이어 몸에 접근하는 고행에서도 좌절하고 만 것이다.

이 두 가지 방법의 공통점은 몸과 마음을 의지로 통제하는 방법이자 기술이라는 사실이다. 그리고 통제를 그만두면 효과는 사라져 버린다.

고타마는 몸과 마음에 대한 두 행법을 철저히 시도한 끝에, 통제하는 기술을 습득하는 것만으로는 아무것도 해결되지 않는다는 사실을 깨달았다. 그것에는 본질적으로 중요한 무언가가 빠져 있었던 것이다.

의지에 따라 심신을 통제한다는 것은 자신이 몸과 마음을 작위적으로 조작하는 일이다. 이 '작위'가 아무래도 근본적인 문제인 듯했다. 막다른 골목 끝에서 그것을 깨달은 싯다르타는 방향을 바꾼다. 배움의 방식을 완전히 선회한 것이다. 그것이 바로 '나무 아래 좌선'이었다.

三

싯다르타

서른다섯 살,
붓다가 되다

고행으로 쇠약해진 몸을 돌본 뒤 기력을 회복한 고타마 싯다르타는 가야라는 마을의 보리수 아래에서 조용히 좌선을 시작했다. 그렇게 7일을 앉아 있다가 결국 깨달음을 얻었다. 서른다섯 살 무렵의 일이었다.

깨달음을 여는 것을, 다른 말로는 성불成佛이라고 표현한다. '불(붓다=깨달은 사람)'이 '되는' 것이다. 고타마는 붓다가 됨으로써 줄곧 추구해왔던 이 세상의 진리, 즉 법法에 도달했다. 이제부터 싯다르타를, 경의를 담아 붓다라고 부르고자 한다.

그렇다면 붓다는 우리와는 전혀 다른 초인으로 다시 태어난 것일까. 아니, 그렇지 않다. 그 증거가 있다. 깨달음을 얻은 그 앞에 여러 번 '악마'가 나타난 것이다.

악마는 붓다가 성을 나온 이후로 계속 그의 뒤를 따라다녔는데, 모습을 드러낸 것은 붓다가 처음으로 보리수 아래에 앉았을 때였다. 붓다가 명상이나 고행을 열심히 할 때는 나타나지 않았다. 대체 왜일까?

붓다가 명상이나 고행을 하는 동안에는 악마는 안심하고 보고 있을 수 있었다. 그러나 그가 나무 아래에서 좌선할 때는 '안 돼. 이대로라면 이 자는 내가 손쓸 수 없는 인간이 되어 버릴 거야. 꼭 방해해야 해!' 하며 초조해했기에 나타난 것이다. 그 정도로 나무 아래 좌선은 기존의 명상이나 고행과는 질적으로 차이가 있었다.

악마의 집요한 방해를 넘어서 깨달음을 얻은 뒤에도 악마는 거듭 붓다 앞에 나타난다. 그것은 붓다가 '악마와 만날 일 없는 초인'이 아니라 '악마와 제대로 대면할 수 있는 인간'이었기 때문이다.

三

깨달음

'내가 바로 악마'라는
사실

이때 악마란 인간을 길에서 벗어나게 하는 충동, 이른바 번뇌를 가리킨다. 그것을 악마라고 신화적으로 표현한 것이다.

아무리 붓다라 해도 다른 사람에게 비난받으면 울컥 화가 솟을 것 같은 때도 있었을 것이다. 혹은 반대로 다른 사람들이 받들 때는 오만한 마음이 차오를지도 모른다. 악마가 나타나는 것은 그런 미세한 번뇌의 움직임을 깨닫는 일이다.

인간이라면 누구나 자신 안에 악마가 있다. 붓다도 마찬가지였다. 그러나 깨달은 사람이 아닌 우리는 그것을 알지 못한다. 깨닫지 못한 채로 악마에게 조정당하므로 악마와 만나는 일조차 불가능하다. 나무 아래에서 좌선할 때까지는 붓다도 내적 악마와 만날 수 없었다.

고타마 싯다르타가 붓다가 된 뒤에도 악마는 다양하게 모습을 바꾸고 말을 바꾸어 거듭 그를 농락하려 했다. 그러나 붓다는 언제나 냉정하게 "악한 자여"라며 악마에게 말을 걸고는 "나는 네가 악마라는 걸 알고 있다"라고 답한다.

그리고 매번 다음과 같은 결말을 맞이한다.

> 그때 악마(악한 자)는 "존사尊師는 나를 알고 있구나. 행복한 자만이 나를 아는데 말이야"라고 말하고는 풀이 죽더니 슬픔에 잠겨서 그 자리를 떠났다.
>
> 『붓다 악마와의 대화』 나카무라 겐 번역

붓다는 악마를 악마로 알고 있는 사람이었다. 그것은 곧 '내가 바로 악마'라는 사실을 알고 있다는 말이다.

붓다가 악마와 만날 수 있었던 이유는, 번뇌에 점령당할 것만 같은 자신을 깨달을 수 있었기 때문이다. 그렇기에 마음을 어지럽히지 않고 잠시 멈출 수 있는 것이다. 이것이 바로 번뇌에 휘둘리고 그것을 지각조차 하지 못하는 우리와 다른 점이다.

붓다의 한역어는 각자(覺者, 깨달은 사람)이다. 이것은 '자신이 악마라는 사실을 깨달은 사람'이라는 의미라고 나는 생각한다. 그렇지 않으면 악마를 굴복시키고 깨달음을 얻은 항마성도降魔成道 뒤에도 악마가 종종 나타나는 의미를 설명할 수 없다.

이 일화는 깨달음이 수행의 목표가 아니라는 사실을 나타낸다. 깨달음을 얻은 뒤에도 아직 악마가 붙어 있다는 것은, 붓다의 수행이 계속해서 이어진다는 사실을 가리킨다. 오히려 깨달은 뒤에 진정한 수행이 시작되고, 사는 것이 오롯이 수행이며 계속해서 오가닉한 배움이 이어진다. 즉 붓다가 더욱 원숙한 붓다가 되어간다는 사실을, 그의 인생이 잘 보여준다고 생각한다.

三

좌선 수행 1

인생의 풍경이
바뀌는 경험

젊은 싯다르타가 성을 나온 것은 '진실로 사는 법을 배우고 싶다'는 강한 신념이 있었기 때문이다. 또한 갑갑하고 지루한 생활에서 빠져나와 '더욱 자유롭고 여유롭게 살고 싶다'는, 인간으로서 근원적인 욕구도 있었을 것이다.

나 또한 인생에 대한 큰 의문을 품고 수행의 길로 뛰어든 사람 중 하나다. 나의 경우는 오로지 '진정한 것을 알고 싶다는 마음'에서였다.

나는 에히메현에서 태어나 도쿄대학에 이어 같은 대학원에 진학하여 발달심리학을 공부했다. 학교적 배움이 특기였고 그것을 높이 평가받은 사람이었다.

나는 어린 시절부터 회사원이 적성에 맞지 않는다는 것을 알고 있었다. 그래서 장차 '배우는 사람'이 되고자 했다. 고대 그리스 철학자들처럼 돈 걱정하지 않고 자유롭게 사색에 잠기는 인생을 보내면 좋겠다고 생각했다.

일본 천태종의 시조로 유명한 사이초(最澄, 767~822)는 불도 수행자를 학생이라고 불렀는데, 나는 '평생을 학생으로 살고 싶다'고 생각한 것이다. 그러나 현실적으로는 어려워서 '대학원을 나오면 우선 조교가 되고, 언젠가 교수가 되겠지' 하는 것이 대학 시절에 그려온 미래상이었다.

그러다가 대학원 생일 때 동양의학을 배우고 싶어서 침구사鍼灸師인 이소 신구(伊藤真愚, 1935~1998) 선생님께 배움을 청했다. '나의 제자가 되고 싶다면 좌선 수행을 하라'는 말을 듣고 가마쿠라의 엔카쿠지円覺寺 고지린居士林에서 접심(接心, 합숙하며 좌선에 몰두하는 집중적인 수행)에 참여했다.

그 선사에 수행하러 간 뒤로 내 인생은 완전히 바뀌고 말았다. 지금껏 해온 학교적 배움과는 달리 더욱 깊고 재미있는 '배움의 인생'이 있다는 사실을 직감적으로 깨달은 것이다. 학교적 배움을 하는 학생이 아니라 일생 동안 배움을 추구하는 삶이 있었다니!

나는 열 살 때 어떤 커다란 의문에 쿵 하고 부딪힌 경험이 있다. 어느 날 밤, 자전거 페달을 밟으면서 별이 쏟아지는 하늘을 바라보았을 때 갑자기 그것이 다가왔다.

'이 세계는, 나는 도대체 어떻게 이루어진 것일까?'

'나는 왜 나일까?'

너무도 장대한 수수께끼에, 초등학생이었던 나는 압도되어 억눌린 끝에 부서질 것 같았다. 그 느낌은 아직도 선명하다. 왜 그때 그런 일이 일어났는지는 모르지만, 인생의 풍경이 완전히 뒤바뀌는 경험이었다.

三

좌선 수행 2

선에서
답을 발견하다

이 밤하늘 체험 이후, 내 가슴에는 커다란 의문이 뿌리내린 채 풀리지 않았다. 하지만 학교에서는 그런 문제를 전혀 다루지 않았다. '언젠가 이 의문을 해결하고 싶다'는 생각을 끌어안고, 내 나름의 방식으로 다양한 공부를 지속했다. 당연히 학교 성적은 올라갔지만 무엇을 해도 나의 의문에는 도달할 수 없다는 느낌만이 줄곧 남아 있었다.

　그런 와중에 지금까지와는 전혀 다른 배움의 방식이 있다는 사실을, 엔카쿠지의 접심에서 발견한 것이다. 그곳에서는 수행승들이 좌선을 중심으로 하는 기사구명己事究明 수행에 몰두했다. 내가 전공으로 공부하던 심리학의 연구처럼 타인에게서 실험 데이터를 받아서 분석, 설명하는 것이 아니라, 수행 생활을 통해 자기 자신을 직접적으로 파헤쳐가는 참구*를 했던 것이다.

----

* 參究, 참선하여 진리를 탐구함.

그 모습을 봤을 때 나는 생각했다.

'이것이야말로 내가 오랫동안 지니고 있던 의문에 답해줄 배움의 방식이 아닐까.'

선의 수행승이 되어 도량에 들어가면 사는 것도 먹는 것도 걱정이 없다. 평생 그곳에서 배우기만 하며 살아도 아무도 뭐라고 하지 않는다. '바로 이게 내가 가야 할 길이다!'라고 확신한 나는 대학원을 중퇴하고 안타이지安泰寺라는 조동종 선사에 입문했다.

그리고 6년 뒤에는 스승의 권유로 미국 메사추세츠주 파이오니어밸리 도량의 지도자로 파견되었다. 현지 사람들과 함께 선 수행을 하며 열여덟 해를 지냈다. 귀국 후에는 실험적인 좌선회를 주최하면서 평생 배우는 학생으로서 다양한 것을 배우고 있다. 더불어 다른 불교 전통 수행을 경험하거나 가르침을 배우는 것도 시도하고 있다.

선을 만난 지 40년 가까이 되었지만, 불교의 여러 전통 중에서도 선이 나의 길이라고 지금도 생각한다. 선은 붓다가 평생을 학생으로 살았듯이, 현실에서 신선하게 배움을 이어가는 것을 소중히 하는 가르침이기 때문이다.

三

불교

유쾌한 삶을
배우기 위한 참고서

일본의 불교는 붓다의 죽음(입적) 후 약 천 년 뒤에 중국을 통해 전해졌다. 붓다의 사후, 수백 년에 걸쳐 탄생한 대승불교라는 전통이다.

기원전 1세기경, 인도에서 중국으로 전해진 대승불교는 널리 침투되어 독자적인 발전을 이루었다. 그것이 6세기경에 일본에 전해지면서 가마쿠라鎌倉 시대에는 가마쿠라 불교의 개조開祖라 불리는 명승들이 일본의 토양에 뿌리 내린 새로운 종파를 잇달아 탄생시켰다.

현재 일본에는 중국에서 발생한 종파도 있고 일본에서 발생한 종파도 있어서 복잡한 양상을 띤다. 종파별로 교리가 다른데, 모순도 포함해서 다이내믹하게 전개되는 것이 종교의 특징이라고 나는 생각한다. 다양성이 있다는 것은 진입로가 넓어진다는 의미에서 나쁜 일은 아니다.

하지만 종파가 다양하다는 것은 '불교는 어렵다'고 여겨지는 요인 중 하나다. 또한 승려 중에도 '우리는 어려운 일을 하고 있다. 다른 사람은 할 수 없는 수행을 하고 있다. 그러니까 위대하다'는 고답적인 의식을 지닌 이가 적지 않아서, 일반인이 이해하기 쉽게 설명하는 일을 게을리해 온 것도 부정할 수 없다.

진정한 불교는 어려운 것이 아닌데, 신비의 베일에 싸여버린 일은 우리 승려들이 반성해야 할 점이다. 불교는 훨씬 단순하고 재미있는 수행(=오가닉한 배움의 생활)의 장이라는 사실은 반드시 알려져야 한다고 생각한다. 따라서 '붓다처럼 수행하며 살아가자'는 선의 단순한 가르침이 딱 맞아떨어진다.

나중에 자세히 설명하겠지만, 선은 점점 어려워지고 현실로부터 유리된 불교를 본래의 모습으로 회복시키기 위해 탄생했다. 그것이 바로 선이 가장 불교답다고 생각하는 이유다.

그렇다면 붓다처럼 수행하며 사는 것은 과연 어떤 삶일까?

오해를 두려워하지 않고 한마디 하자면, 그것은 '유쾌한 삶의 방식'이다. 불교는 각자가 자신만의 유쾌한 삶의 방식을 배우기 위한 참고서라는 것을 알려주고 싶다.

Chapter

2

배우는 것은
바뀌는 것이다

발보리심

모르는 세계를
배우고자 하는 마음

앞에서는 붓다의 일생을 거슬러 올라가 붓다처럼 수행하며 살아가자는 제안을 했다. 그렇다면 붓다처럼 수행하며 살아가는 것이란 어떤 것일까? 우선 그의 인생을 살펴보자.

붓다는 사문유관을 계기로 출가했다. 이것이 그의 인생에서 최초의 커다란 배움이었다고 할 수 있다.

그는 궁전이라는 자신이 잘 아는 세계가 더욱 큰 세계의 일부에 지나지 않으며, 미지의 세계가 그 바깥에 펼쳐진다는 사실을 처음 알았다. 궁전은 모든 것이 관리된 인공적인 시스템의 상징이다. 붓다는 그곳에서 원하는 것은 무엇이든 부친으로부터 제공 받았고 후계자로서 '길들고' 있었다. 시스템에 잘 적응하도록 교육을 받은 셈이다.

실은 우리도 기존 사회에 유익한 인간이 되도록 길들고 있다. 사회를 확대 재생산하기 위해, 혹은 현 상황을 유지하기 위한 일원으로서 지식이나 기술을 교육받는 것이다.

그러나 그것을 깨닫고 궁전 밖으로 나가려는 사람은 좀처럼 찾아보기 힘들다. 실제로 붓다의 사문유관에 따라간 시종들은 노병사를 알았지만, 그것을 붓다처럼 인생의 큰 문제(선에서는 '생사일대사生死一大事'라고 부른다)라고 인식하지는 않았다.

배우고자 하는 욕구는 미지未知에 대한 깊은 놀라움이 없다면 일어나지 않는다. '나는 알아야 할 것을 아직 모른다' '알지 못하는 중요한 문제가 있다'는 통찰이 있어야 비로소 탐구가 시작되는 것이다.

붓다는 노병사의 현실을 보며 '나는 살아가는 것이나 세계에 대해 아무것도 모르지 않는가'라고 놀라는 감성을 지니고 있었다. 우리도 마찬가지다. 안다고 생각하는 세계는 현실의 지극히 일부분일 뿐이고 대부분은 미지의, 통제할 수 없는 세계다. 그 미지의 세계를 접하면서 놀라움을 지닌 채 개입하여 철저히 탐구하려 하는 것이 배움의 본래 동기다.

미지의 세계가 있다는 사실을 안 붓다는 '배우고 싶다' '알고 싶다'는 마음을 억누르지 못하고 기지既知의 세계를 버리고 출가하여 배우는 자(수행자)가 되었다. 그리고 자신의 방식으로 다른 이들의 '배우려는' 의욕을 환기하고 인도했다. 배우고자 하는 의욕을 일으키는 것을 불교에서는 발보리심発菩提心이라고 한다.

붓다는 대의왕(大医王, 위대한 의사)이라고 불리는데 나는 그가 '위대한 학생'이었다고 본다.

三

생로병사

유쾌한
인생의 조건

붓다는 사문유관을 통해 알게 된 노병사에 생生을 더해, 생로병사란 두카(Duḥkha, 苦)라고 말한다. 두카란 팔리어로 '뜻대로 되지 않는 인생의 절대 사실'이라는 뜻이다.

깨달음을 얻고 수많은 제자를 거느렸던 붓다도 모두와 마찬가지로 늙고 병에 걸려 죽었다. 붓다가 되었다고 해서 두카를 없앨 수는 없었다. 그러나 그는 두카를 깊이 이해하고 받아들였으며 그것을 고통의 씨앗이라고는 하지 않았다.

왜 뜻대로 되지 않느냐 하면 우리는 연기緣起로 존재하기 때문이다. 연기란 우주 모든 존재가 무량무변*의 인연에 의해 서로 영향을 주고받으며 존재한다는, 불교의 근본적 시각이다. 우리는 단독으로 고립적으로 사는 것이 아니라, 모든 것과의 관계에 의존하는 연기적 존재다. 생로병사는 그렇듯 '살아짐으로써 살아 있는 목숨의 모습'에서 필연적으로

----

* 無量無辺, 그지없이 크고 넓음.

나오는 것이다.

우리는 연기라는 작용의 네트워크로부터 우연히 태어난 존재다. 그러므로 그 네트워크를 멋대로 조작할 수는 없다. 우리는 어디까지나 연기의 산물이며 주인이 아니기 때문이다.

고뇌라는 것은 생로병사라는 사실에 대한 우리의 반응으로 일어나는 것이다. 붓다도 그 사실에서 벗어날 수 없었지만, 그 고뇌를 뛰어넘을 수는 있었다.

'고뇌를 뛰어넘는다'는 것은 생로병사 그 자체를 없애는 것이 아니라, 그것을 깊게 이해하고 받아들이며 사는 것이다. 붓다는 생로병사라는 사실을 두려워하거나 그로부터 도망치려 하는 대신, 오히려 연기라는 진리를 깊이 배우기 위해서 그것과 제대로 마주하고 이해하려 했다.

인생의 엄숙한 사실을 이해하고, 살아가는 조건으로써 솔직히 받아들이는 것은 유쾌한 삶의 방식의 포인트다. 두카가 있더라도, 아니 오히려 있기 때문에 비로소 유쾌하게 살아갈 수 있다는 역설이다.

三

선禪 1

상식을
뒤집다

붓다는 궁전 안의 상식에 의문을 지닌 채 바깥으로 나오려고 했다. 이는 불교가 처음부터 상식에 대항하기 위한 배움이라는 것을 상징한다. 상식이라는 속박에서 빠져나오기 위한 배움이라고 말해도 좋을 것이다.

　그러한 불교의 성격은 선에 현저히 드러난다.

　선은 6세기경 인도에서 중국으로 건너간 달마達磨대사로부터 시작되었다고 한다. 당시 중국은 방대한 산스크리트어 불교 경전을 중국어로 번역하는 단계에서, 번역된 경전의 학문적 연구 단계로 진입한 상태였다. 수행보다 경전 공부를 중시하는 풍조가 태어났고 불교가 학문 불교화되어 갈 무렵이다.

　경전이란 붓다 사후, 그가 한 말이 구전으로 전해져 수백 년 후에 문자로 남겨진 것이다. 붓다가 살아 있는 동안에는 경전 같은 것은 없었다. 상황과 상대에 따라 생생한 대화가 오갈 뿐이었다. 그 원점을 잊은 채 경전의 해석이나 주석만을 중시하는 풍조에 돌멩이 하나를 던진 이가 바로 달마대사였다.

달마대사가 전한 것은 경전의 해석이 아니라 오로지 좌선하는 수행법이었다. 붓다가 보리수 아래에 앉아 참선했듯이 '그저 앉아 있음'으로써 경전의 원천에 있는 붓다의 깨달음을 배우는 것이 얼마나 중요한지 전한 것이다. 학문 불교에 편중된 중국 불교계에 일종의 종교개혁이 바로 선이라고 할 수 있다. 즉 선은 불교에서의 프로테스탄트인 것이다.

그것을 잘 알 수 있는 일화가 있다. 덕산선감(德山宣鑑, 782~865)이라는 당나라 선승의 이야기다.

덕산선감은 『금강경金剛経』이라는 경전을 깊이 연구한 것으로 유명한 학승이었다. 중국 남부에 선이 보급될 당시, '요새 수상한 불교가 유행하면서 사람들을 현혹시키는 듯하니 벌을 줘야지'라며 등에 경전과 주석서를 메고 남쪽으로 향했다.

가는 도중에 잠시 쉬려고 주막에 들렀다. 짐을 내려놓고 떡을 주문한 덕산선감에게 주막 여주인이 이렇게 말한다.

"등에 짊어진 짐은 뭔가요?"

"『금강경』이라는 경전과 그 주석서입니다."

"스님, 제가 『금강경』을 읽다가 모르는 부분이 있는데요. 제 질문에 대답해 주시면 떡을 공짜로 드리지요. 하지만 대답을 못하시면 스님께는 떡을 안 팔겠어요. 질문해도 되나요?"

여주인의 질문은 이랬다.

"『금강경』에 '과거의 마음도 얻을 수 없고, 현재의 마음도 얻을 수 없으며, 미래의 마음도 얻을 수 없다'고 나오는데, 스님은 어느 마음에 점을 찍겠습니까?"

덕산선감은 말문이 막히고 말았다. 그러자 여주인은 "그런 놈에겐 떡 안 팔아!"라며 그를 내쫓았다.

'학승으로 유명한 내가 주막 여주인에게 찍소리도 못하다니…. 나는 지금껏 뭘 한 것인가. 이런 건 아무 쓸모도 없어!'

덕산선감은 가지고 온 서적을 모두 불살라버렸다. 그러고 나서 허심탄회하게 선을 배워 역사에 이름을 남기는 선승이 되었다고 한다.

三

선禪 2

붓다를 만나면
붓다를 죽여라

주막 여주인과 덕산선감의 대화는 유명한 선문답 중 하나다.

가령 "너는 어디에서 왔는가?"라는 질문에 대한 답은 보통이라면 "도쿄에서 왔습니다"이다. 그러나 선에서는 그런 답은 상식에 발목이 잡혔다며 통용되지 않는다.

선에서는 제자가 스승에게 "스승님은 어디에서 오셨습니까?"라고 물으면 "자, 차나 마시게"라는 답이 돌아온다. 이렇듯 논리가 통하지 않는 불가사의한 문답이 선의 세계에는 무수하다. 그 문답에서는 애초에 무엇에 질문을 하고 있으며 무슨 답이 나오는가를, 깊이 자신에게 끌어당겨서 이해하는 학습법이 중요하다.

덕산선감처럼 불교에 관한 지식을 책 등에서 배우는 것을 학득學得이라고 한다. 그뿐 아니라, 훗날 역사에 이름을 남긴 대부분의 선승은 불교를 학득으로 이해했다고 생각했다. 그러나 선문답으로 무참하게 당하는 바람에, 지금껏 쌓아 올린 학득이라는 재산을 완벽히 부정당한 끝에 학득을 내려놓고 (덕산선감이 불교서를 태웠듯이) 선의 세계로 들어간다. 선에 입문한다는 것은 그전까지 배움의 방식을 근본적으로 바꾸는 일인 셈이다.

선의 스승들은 제자를 지도할 때 경전을 찢어서 버리거나 '추우면 불상을 태우라'고 말한다. 또한 경전을 인용하는 제자가 있으면 멱살을 잡고 "남의 것이 아닌 자신의 말로 해 봐!"라며 때리거나 발로 차기도 한다. 임제종臨濟宗의 개조인 임제의현(臨濟義玄, ?~867)에 이르러서는 '붓다를 만나면 붓다를 죽여라'라는 살벌한 말까지 한다.

물론 이는 선 특유의 수사법이니 글자 그대로 받아들여서는 안 된다. 선의 스승들이 말하고자 하는 바는 '경전 따위는 읽을 필요가 없다'는 말이 아니라 '너는 경전을 이해했다고 하는데, 실은 아직 이해하지 못한 부분이 있지 않은가. 너는 진정 그것으로 만족하는가?'이다.

붓다가 명상의 스승으로부터 합격 날인을 받고서도 '아직 나에게는 풀리지 않은 문제가 남아 있다'고 만족하지 못했던 일화를 떠올려보자.

비유하자면, 금전출납부에는 잔금 0원이라고 쓰여 있는데 왠지 몰라도 주머니에 30엔이 남아 있는 듯한 느낌이다. '없어야 할 30엔은 대체 뭐지?'라는 찜찜한 느낌이 무엇인지 잘 알 것이다. 불교의 논리에서는 다 해결한 문제인데, 자신의 마음 안에서는 아직 해결되지 않은 문제가 남아 있는 것이다.

젊은 시절의 임제의현도 학득만으로는 도저히 결판이 나지 않아서 어쩔 수 없이 선의 문을 두드렸다. 그때 황벽희운黃檗希運이라는 노스승에게 질문하자, 말이 다 끝나기도 전에 봉으로 퍽 하고 맞았다. '다른 사람의 말이 아니라 자기 자신의 몸으로 부딪쳐 배우라'는 의미다.

학득하는 것이 아닌, '체득하라' '자득하라'는 것이 선의 근본 사상이다. 그러므로 선의 수행 도량에서는 자기 자신의 실존적인 문제를 붙들고 매일 좌선하고 규칙적인 일상을 살아간다. 삶의 전반에서 배우는 것이다. 법문(진리로 가는 입구)은 어디로든 열려 있기 때문이다.

다시 말하지만, 붓다는 경전을 배운 것이 아니라 그저 사는 것을 배움이라고 했다. 그 붓다의 삶의 방식을 본받으려는 것이 선의, 그리고 불교의 본래 입장이라고 나는 이해하고 있다. 경전은 어디까지나 그것을 위한 참고서일 뿐이다.

三

좌선

순수한 놀이 같은
수행

붓다는 명상과 고행을 시도한 끝에 그것들을 버리고 가야의 보리수 아래에서 좌선했다. 왜 보리수 아래에 앉게 되었을까? 그 이유에 대해 그는 '어린 시절 혼자서 나무 아래 앉았던 날을 떠올렸기 때문'이라고 말한다.

어릴 적, 농경 축제가 열리던 날이었다. 수많은 사람이 모여서 술 마시고 노래 부르며 한껏 떠들어댔다. 어린 붓다는 시끄러운 것을 싫어해서 조용한 곳을 찾아 홀로 그 장소를 떠났다. 그렇게 아무 생각 없이 나무 아래에 앉아 시간을 보내자 자연히 어떤 경지에 이르렀다. 부정한 생각이 떠오르지 않고 거친 사고가 가라앉더니 미세한 사고가 남은 상태였다.

이는 선정의 단계를 나타내는 사선팔정四禪八定 중 초선初禪의 경지라고 한다. 붓다는 출가한 뒤 알라라에게서 일곱 번째 단계인 무소유처정, 웃다카에게서 여덟 번째 단계인 비상비비상처정의 경지를 배웠다. 훨씬 높은 수준의 명상의 경지에 이르렀는데도, 왠지 명상이라고도 부를 수 없는 어린 시절의 소박한 앉음을 떠올리고는 '그것이야말로 틀림없이 깨달음으로 가는 길이다' 하고 확신하면서 나무 아래에서 좌선한 것이다.

높은 선정의 경지에 이르는 명상은 안 됐는데, 초선의 명상이야말로 깨달음으로 가는 길이라고 생각한 이유는 무엇일까?

어린 붓다는 누가 권하지도 않았는데 마음속 끌림에 따라 자발적으로 앉았다. 기존의 방법을 따른 것이 아니라 그저 순수하게 아무것도 구하지 않고 앉은 것이다. 그러자 어떤 경지가 보이기 시작했다.

붓다가 '그것이야말로 틀림없이 깨달음으로 가는 길이다'라고 생각한 것은 좌선으로 얻은 경지가 아니라 좌선에 이르는 동기와 태도에 주목했기 때문이라고 나는 본다.

그때는 특정한 방법에 따라 자신을 통제하는 것도 아니고, 어떤 경지에 이르고자 의지적으로 노력하는 것도 아니다. 그 어떤 인위도 없이 그저 앉았다. 지금껏 열심히 해온 명상이나 고행과 비교할 때 이 얼마나 단순하고 순수한가!

어른이 하는 일 같은 수행이 아니라, 아이가 하는 놀이 같은 수행이어야만 하지 않을까.

아이는 자기도 모르는 사이에 사는 것 그 자체로부터 무엇인가를 배운다. 앞에서도 말했듯이, 이러한 배움의 방식을 오가닉 러닝이라고 한다. 나무 아래의 좌선이란, 효율과 성과를 중시하는 학교적 배움에서 오가닉 러닝으로 급진적으로 이동한 것이라고 나는 생각한다.

그리고 그러한 오가닉 러닝의 원점에 좌선이 있다. 오가닉 러닝이 붓다가 발견한 유쾌한 삶의 방식의 비결이라면, 좌선을 통해 그 비결을 배울 수 있을 터이다.

좌선에 대해서는 3장에서 자세히 살펴보도록 하자.

三

깨달음

배움을 계속
이어가는 것

그렇다면 깨달음이란 무엇일까? 자주 듣는 질문이므로 '애벌레가 나비가 된다'는 비유로 설명해 보고자 한다.

땅을 기어 다니는 애벌레는 2차원으로만 세상을 볼 수 있다. 하지만 번데기에서 나비가 되면 3차원 세계를 살아갈 수 있게 된다. 애벌레처럼 2차원으로 사는 것과 나비처럼 3차원으로 사는 것은 인생의 배경이 완전히 다를 것이다. 그렇다면 나비가 되면 어떤 배경을 보게 될까?

그것에 대한 선의 답은 '나비가 되면 알게 된다' 혹은 '나비가 된 뒤에 물으러 오라'이다. 너무도 선다운, 불친절한 답이라고 생각할 것이다.

그러나 나비가 된 다음의 세계를 애벌레 단계의 사람에게 아무리 말한다 한들 이해할 수 없을 테고 오히려 혼란스럽게 할 뿐이다. 그렇다면 그저 '너는 반드시 나비가 될 수 있어'라고 독려만 하는 것이 진정한 친절이라는 것이다. 애벌레는 애초에 나비가 되도록 디자인되어 있으므로. 애벌레와

나비는 생활 형태가 완전히 다르지만 DNA로는 연속되어 있기 때문이다.

이 비유에서 애벌레는 범인(凡人, 방황하는 자), 나비는 부처(각자, 깨달은 사람)를 나타낸다. 즉 우리는 누구라도 나비, 즉 부처가 될 수 있다는 말이다. 붓다가 그것을 증명했다. 애벌레인 자신이 보고 있는 것과는 다른, 나비의 풍경이 있다는 사실을 아는 것만으로도 삶의 방식은 완전히 달라질 것이다.

물론 나비가 된 뒤에도 살아 있는 한 배움은 이어진다. 우리의 배움도 끝은 없다. 만약 끝이 있다고 한다면 그것은 오가닉 러닝이 아니다.

三

수행

배우며 살며
알아가는 것

나는 대학에서 발달심리학을 전공하고 어린이의 성장 원리에 관해 연구했다. 발달심리학의 견해에서는 인간의 성장 곡선은 대체로 스무 살을 정점으로 하강선을 그린다. 기억력이나 순발력, 근력 등 인간의 능력 대부분은 스무 살을 넘기면 쇠퇴한다고 여기는 것이다.

한편, 세상에는 나이가 들어서 능력을 꽃피우는 사람들도 있다. 가령 화가나 서예가 중에는 만년에 훌륭한 작품을 탄생시키는 사람이 있다. 붓다도 서른다섯이 된 뒤에 깨달음을 얻고 여든 살이 되어 입적하기까지 깨달음을 원숙하게 만들어 갔다.

나는 학생 때 교수님에게 "그런 사람들의 성장 곡선은 어떻게 그려야 합니까?"라고 질문한 적이 있다. 그러자 교수님은 "수치적 데이터로 측정되지 않으면 그래프는 못 그리지"라고 답했다. 그들은 지금의 발달심리학에서는 기술할 수 없는 차원으로 발달과 성숙을 이루는 배움의 세계에 살았다는 말이다.

인간이 일반적으로 배움의 모델로 삼는 것은 학교적 배움뿐이므로, 예술과 종교의 세계에 있는 오가닉 러닝은 이 범주에 들어 있지 않다. '평생학습'이라는 말도 있는데, 이 학습도 학교적인 배움의 방식이 상정되어 있다.

그러나 배움을 학교적인 배움만으로 이해하는 것은 너무나 좁은 생각이다. 우리는 또 하나의 배움 방식인 오가닉 러닝도 범주에 넣어야 한다. 그러기 위해서는 불교가 매우 참고가 된다고 본다. 지금껏 말했듯이 불교의 수행은 오가닉 러닝 그 자체이기 때문이다.

내가 대학생 시절에 교육 철학자인 하야시 다케지(林竹二, 1906~1985) 선생님이 이런 인상적인 말을 했다.

"배운 것의 증거는 단 하나다. 무언가를 안다는 것이다."

학교적인 배움이란 지식을 얻는 것과 같은 뜻이다. 그러나 하야시 선생님의 주장으로는, 배운다는 것은 자기 자신이 변하는 것. 즉 무언가를 정말로 배웠다면 '지금까지의 나'가 아니고 '새로운 나'가 그곳에 태어난다는 것이다.

가령, 자전거를 탈 수 있게 된다면 과거의 '자전거를 탈 수 없었던 자신'으로는 돌아갈 수 없는 법이다. 못 타는 척은 할 수 있지만 정말로 못 타는 상태로는 돌아갈 수 없다. '나' 자체가 바뀌어 버리기 때문이다.

고타마 싯다르타가 서른다섯에 '붓다'가 된 것은 인간으로서 가장 급진적인 변용이다. 애벌레가 나비로 완전히 변태하는 것과 마찬가지다. 심지어 그 뒤 죽음에 이르기까지 45년간, 그는 배움을 계속했고 붓다로서 원숙함의 깊이를 더해 갔다. 깨달음을 얻은 뒤 죽기까지 수행을 계속하여, 죽는 것마저 배움으로 바꾼 것이다.

그런 의미에서 불교의 수행은 그야말로 평생 학습이 아닌 평생 학수學修이며 새로운 성장 곡선을 요구하는 것이라 할 수 있다. 우리도 삶의 모든 것을 수행의 식량으로 삼는 것이 가능하다면, 평생 현역 학생으로 계속 변모할 수 있다.

사는 것과 배우는 것. 나에게 지금껏 각기 별개였던 것이 선의 수행을 통해 한 꼬챙이에 꿰어졌다. 내 안에서 유기적으로 이어진 느낌이 든 것이다.

三

배우는 기쁨

존재의 풍요로움을
배우는 길

배우는 것은 바뀌는 것이며, 성장하는 것이기도 하다. 배움 없는 성장은 없으며 성장 없는 배움은 없다.

성장한다면 미지의 것을 만남으로써 자신의 세계가 확장되어 풍요로워진다. 그것이 즉 즐거움이다. 인간은 '배우는 기쁨을 맛보기 위해 태어난다'고 말해도 좋으리라.

나는 아기의 발달 연구에서 그것을 확신했다. 그들이 지니는 경이로운 배우는 힘의 원천은 배우는 것에 의한 순수한 배움에 있는 듯하다. 그러나 어른이 되는 동안 배우는 것이 고역이 되어 버려서, 성장이 멈춰 버린다. 불도 수행이라는 것은 배우는 기쁨을 다시 한번 떠올리고 회복하는 것이다.

내 스승의 스승인 우치야마 고쇼(内山興正, 1912~1998)는 '풍요로운 생활, 가난한 인생'이라는 말을 남겼다. 붓다는 궁전 안에서 물질적으로 충만한 풍요로운 생활을 했다. 그러나 정신적으로는 가난한 인생이었다. 그것에서 빠져나와 선택한 것이 '가난한 생활, 풍요로운 인생'이다.

일본 조동종曹洞宗의 개조로 알려진 도겐(道元, 1200~1253)도 '학도로 가는 사람은 우선 모든 것에서 가난해져야 한다'라고 말한다.

출가 후 붓다는 생활 활동으로써의 노동을 하지 않고 탁발(돌아다니면서 다른 사람에게 먹을 것이나 금전 등의 보시를 사발에 받는 수행)을 하며 사람들의 베풂으로 살아갔다. 수행이라는 오가닉 러닝을 이어갈 수 있는 '풍요로운 인생'을 선택했기 때문이다. 그것을 따라 불교 수행자들은 돈을 버는 것을 인생의 목적으로 삼지 않고, 소유물의 풍요로움보다 존재의 풍요로움을 배우는 길을 걸었다.

'가난한 생활'보다 '풍요로운 생활'을 추구하는 것은 아무런 문제도 없다. 다만 생활과 인생, 어느 쪽에 중점을 두는가가 문제다. 풍요로운 생활을 과도하게 추구하여 풍요로운 인생을 희생하면 정신적으로는 가난해지고 만다. 깊은 배움이 일어나지 않고, 인격적 성숙이 멈추기 때문이다.

가령 무슨 일을 하기 전에 미리 득실을 따지는 사람이 있다. '이것은 무엇에 도움이 될까. 어떤 득이 있을까' 하는 것만을 신경 쓰기에 최대한 쓸데없는 일은 하지 않는다. 아기의 배움에서 볼 수 있는 대범함과는 전혀 다르다. 이렇게 해서는 생각지도 못한 재미있는 일이 일어나도 눈치채지 못한다. 가난한 배움만 할 수 있다면 아까운 일이다.

우리는 무엇을 위해 배우는 것일까? 경제적으로 풍요로워지기 위해서만은 아니다. 무엇보다 풍요로운 성장을 위해서다. 배움에는 성장의 기쁨이 있기 때문이다. 그러한 배움의 길을 발견할 수 있다면 붓다처럼 유쾌한 삶의 방식에 가까워질 수 있다.

그렇다면 어떻게 해야 유쾌하게 살아가기 위한 길을 찾을 수 있을까? 그 답은 오가닉 러닝의 전형인 좌선을 파헤치면 보일 것이다.

Chapter

3

수행은 즐겁고
유쾌한 것이다

三

좌선의 반전

누구나 할 수 있는
생활 실천

1장 첫 부분에서 불교는 행의 종교라고 말한 바 있다. 불교의 중심 과제는 수행이라는 형태의 배움을 통해 범인에서 부처로 인간의 질을 변모시키는 것에 있기 때문이다.

붓다는 보리수 아래에서 좌선하여 깨달음을 얻고 각자覚者가 되었다. 그 후에는 평생에 걸쳐 좌선을 지속하며 수많은 사람을 가르치고 이끌었다. 우리 수행자도 그것을 본받아 매일 좌선을 함으로써 심신을 정돈하여 붓다 같은 삶의 방식을 배우고 있다.

좌선은 선의 전통에서 수행의 표준이라 할 수 있다. 그렇다고 좌선만이 수행은 아니다. 우리가 생활의 온갖 장면에서 행하는 일 또한 수행이어야 한다. 어떤 수행이든 그것이 불도의 배움이 되지 않는다면 오가닉한 배움이라고 할 수 없다. 좌선은 그러한 수행의 원형이며, 수행자는 좌선을 통해 배움의 기본적인 태도를 쌓아간다.

그러나 좌선에는 다양한 오해도 따른다. 가령 좌선은 그저 고행이라는 이미지를 가지고 있는 사람이 많을 것이다.

텔레비전 등에서 보는 좌선은 대체로 어둠 속에서 추위를 견디며 오랫동안 가만히 앉아 있거나, 조는 사람이 등을 막대기로 맞는 장면이다. 고통이나 졸음을 견디면서 열심히 애쓰며 앉아 있는 모습이 자주 나오다 보니, 좌선이란 곧 '어금니를 꽉 깨물고 애쓰는 것'이라는 생각이 너무 깊이 새겨진 것이다.

수행자마저도 '다른 사람은 할 수 없는 일을 하는 것이 수행'이라고 생각하는 이들이 적지 않다. 수행승뿐 아니다. 우리는 '고통 없이는 아무것도 얻을 수 없다(No pain, No gain)'는 믿음이 있어서 무엇인가 좋은 것을 손에 넣으려면 '애쓰는 것이 당연하다'고 생각한다. 애쓰면 애쓸수록 결과가 좋아진다고 믿으면서, 괴로워도 참고 견디려 한다. 이른바 노력 지상주의인데, 하물며 '힘든 수행'은 오죽하겠는가.

그런데 붓다를 보면 그렇지 않다. 붓다는 다른 사람에게 배운 명상이나 고행이라는 '애쓰는 수행'을 모조리 버리고 나무 아래에서 자기 자신만의 좌선을 실천하여 깨달음을 얻었기 때문이다.

이때 수행에 대한 급진적인 노선 변경이 이루어졌음을 간과해서는 안 된다. 불교 수행은 그러한 패러다임의 전환에서 시작된 종교인 것이다.

나무 아래 좌선

살아있음이
유쾌한 방향으로

나무 아래에서 좌선하기 전 붓다는 특별한 경지나 상태에 이르기 위해 명상과 고행 등을 통해 열심히 노력했다. 언제 이상적인 미래가 찾아올지 모르는 상황이므로, 과정에 지나지 않는 현재에 안주할 수 없다. 이상적인 현실을 목표로 하여 오로지 앞을 보며 달려야 한다. 길 중간에 평안은 없다. 그 길 끝에 있는 평안에 도달해야만 한다. 목적지에 있는 테이프를 끊지 않으면 그 수행은 실패로 돌아간다.

　이는 학교 공부와 닮았다. 수많은 수험생은 공부라는 것에 진정한 의미를 느끼지 못한 채, 흥미도 일지 않는 공부를 억지로 붙들고 있다. 공부 그 자체에는 기쁨을 느끼지 못한 채, 목표를 달성하면 맛볼 수 있을 미래의 기쁨을 상상하면서 현재의 고통이나 따분함을 견디는 마인드 세트(mindset, 사고방식)다. 붓다는 여러 수행을 몸소 실천해 본 뒤에야 그것은 근본적으로 틀렸다는 사실을 깨달았다.

　아마도 그때 붓다가 얻은 통찰은 다음과 같은 것이 아니었을까.

'평안으로 가는 길은 없다. 평안 그 자체가 길이다.'

평안을 목표로 하는 괴로운 길을 걷는 수행이 아니라, 길을 걷는 한 걸음 한 걸음에 이미 평안이 깃든 수행이어야 하는 것이다.

나무 아래 좌선은 이 통찰의 구현이자 증명이었다. 그러므로 우리의 불도 수행도 당연히 그러한 것이 되어야만 한다. 이것을 나는 괴로운 수행이 아니라 유쾌한 수행이라고 표현한다.

나무 아래에서 좌선하면서 비로소 붓다는 태어나 처음으로 마음속 깊이, 마음을 놓고 편히 쉴 수 있었으리라. 평안을 갈구하며 애쓰는 행위에서 해방되어 그저 심신을 정돈하는 좌선에서 진정한 평안을 발견했기 때문이다.

붓다는 법락(法樂, 욕망의 만족에 의한 욕락이 아닌 법, 즉 진실이 심신에 침투할 때의 기쁨)에 잠겨 줄곧 좌선했다고 한다. 나무 아래에서 좌선하는 붓다의 얼굴에는 미소가 감돌았으리라. 미친 듯이 찾아 헤맸을 때는 얻지 못했지만, 현재 있는 그대로를 받아들이고 가만히 있을 때 찾아오는 안식이 바로 그곳에 있었다.

무엇인가를 추구할 때는 반드시 긴장이 뒤따르기 마련이다. 인간이 긴장을 놓을 수 있는 때는 일어나는 일을 그냥 그대로 놓아둘 수 있을 때뿐이다. 그때 세계는 완전히 다른 양상으로 펼쳐진다.

실은 나 자신도 수험생적 마인드 세트로 수행 생활을 한 시기가 있었다. 정작 나는 몰랐지만 분명 수행승 같은 심각한 표정을 하고 있었을 것이다. 1995년에 틱낫한(Thich Nhat Hanh, 1926~2022) 스님을 처음 만났을 때 그는 다음과 같이 말했다.

"잇쇼 스님, 웃으세요. 수행은 즐거워야만 합니다."

"네? 즐거운 수행이라고요? 그런 일이 가능한가요?"

내가 물으니 스님은 다음과 같이 답했다.

"네, 붓다는 언제나 미소 지으며 수행했을 거예요. 얼굴을 찡그리고 있는데 주변에 사람이 모여들지는 않겠지요. 붓다는 당시 지상에 살아 있음을 가장 즐겼던 분이라고 저는 생각합니다. 우리 수행자도 붓다처럼 살아야 해요. 그리고 그것은 어려운 일이 아닙니다."

그에게서 이런 말을 들은 것이 나에게는 큰 전환점이 되었다.

나는 그때까지 수행이 즐겁게 되는 경지에 이르는 것은 훨씬 나중 일이라고 믿고 있었다. 동시에 고통이나 괴로움을 견디는 것에서 남몰래 자기만족과 수행승으로서의 정체성을 느끼기도 했다.

그러나 틱낫한 스님의 말씀을 반추하는 동안 그러한 나의 고집이나 긴장을 깨닫게 되었다. 그에 따라 나의 좌선의 맛이나 생활의 풍경이 조금씩 유쾌한(즐겁고 기분 좋은) 방향으로 변모해갔다.

三

좌선의 향기

지금 자신의 심신으로
행하는 일

붓다에게 일어난 패러다임의 전환이란 무엇일까? 그 이유를 깊이 파헤치기 위해 시공간을 뛰어넘어 인도의 붓다에서 일본의 도겐이 하는 말에 귀를 기울여 보자.

도겐은 송에서 선 수행을 하고 일본으로 돌아온 뒤 『정법안장正法眼藏』 『보권자선의普勸坐禪儀』 등을 써서 좌선의 방법이나 불교의 사상을 설파했다. 또한 선의 수행 도량인 에이헤이지永平寺를 세운, 가마쿠라 시대를 대표하는 승려 중 한 사람이다. 그 고유함 넘치는 언어 표현은 현대에도 일본 국내외에서 높이 평가된다.

일반적으로 수행과 깨달음의 관계에 관해서는 '수행은 수단, 깨달음은 목적'으로 분리해서 생각하곤 한다. 그러나 도겐은 수행과 깨달음은 떼려야 뗄 수 없는 관계라고 말한다.

> 불법에서 수행과 증오*는 일체다. 지금도 깨달음의 작용을 바탕으로 수행하고 있으므로, 초심의 좌선이라 해도 원래부터 있는 깨달음이

모두 마련되어 있는 것이다.

도겐 『정법안장』 「변도화辨道話」

여기에서 수행의 의미가 '부처가 되기 위한 수행'에서 '부처로서의 수행'으로 완전히 탈바꿈했다. 수(修, 수행)는 정(証, 깨달음)과 하나이므로, 좌선은 단순히 깨달음에 이르기 위한 수단이 아니다. 좌선이라는 수행에 이미 깨달음이 깃들어 있다. 도겐도 붓다가 나무 아래 좌선에서 이룬 수행과 같은 수행관을 말한다.

결과를 얻으려는 명상이나 고행에서, 있는 그대로를 받아들이는 나무 아래 좌선으로 이행하는 것. 그것을 바로 지금 자신의 심신으로 행하는 일이 좌선이다. 도겐은 그것을 두고 "좌선은 습선習禪과 다르다. 오로지 이것만이 안락의 법문이다"라고 말했다. 명상 기술을 습득함으로써 특정한 심경에 도달하려 하는 잔재주라 할 수 있는 '습선'을 '좌선'과 확실히 구분한 것이다.

----

* 証悟, 올바른 지혜로 진리를 증득하여 깨달음.

좌선에서 중요한 점은 인간의 작위적인 노력에서 벗어나 심신을 자연스러운 작용에 맡긴 채 조화를 이루게 하는 것이다. 또한 현재에서 아무것도 더하려 하지도 빼려 하지도 않아야 한다. 너그럽고 자유로운 마음으로 그저 앉아 있으면 안락(몸은 편하고 마음은 기쁜 것)의 세계로 들어갈 수 있다. 이 안락이야말로 내가 유쾌라고 부르는 상태다.

좌선이 그러한 안락의 법문이라면, 좌선을 본보기로 삼은 일상의 행위도 마찬가지여야 한다.

선의 도량에서는 일상생활의 온갖 행위가 '좌선의 향기'를 품어야만 한다고 가르친다. 가령 도겐의 주요 저서인 『정법안장』에는 화장실 쓰는 법, 세수하는 법, 양치하는 법에 관한 마음가짐이나 세세한 방법이 쓰여 있다.

선이 소중히 여기는 것은 특수한 고행이나 엄격한 수행이 아니다. 좌선을 통해 맛보는 안락을 유지한 채로 일상의 사소한 행위를 하나하나 해나가는 것이다.

三

패러다임의 전환

힘을 빼고
마음을 평안하게

그러한 안락의 좌선을 수행에서 실천할 때 매우 참고가 되는 것이 도겐이 남긴 다음과 같은 가르침이다.

> 다만 몸과 마음 모두를 내려놓고 생명의 거대한 작용에 맡긴 채, 그것이 행하는 바대로 따르라. 그러면 몸을 긴장하거나 마음에 번뇌를 더하는 일 없이 생사의 고통을 떠나 부처가 된다.
>
> 도겐 『정법안장』 「생사生死」

이것을 읽으면 선종은 자력종自力宗이라는 통속적인 이해가 얼마나 빗나갔는지 알 수 있다. 자력종이란 본인 한 사람의 능력이나 노력으로 부처가 되려는 것이다. 그러나 도겐에 따르면 '힘을 주지 말고 마음을 번잡하게 하지 말라'는, 어떤 각도로 보아도 능력이나 노력과는 다른 방법으로 '부처가 되는' 불교의 궁극적 목표가 달성된다.

만약 도겐의 이 말대로라면 좌선할 때는 좌선이라는 행

위에 몸과 마음을 모두 던진 채, 좌선하는 상황 전체에서 일어나는 일을 섬세하게 감지하며 순순히 따라야 한다. 즉 좌선은 좌선 그 자체에서 배우는 행위다. 일상의 행위도 이와 같은 태도로 임해야 함은 말할 필요도 없다.

선에서는 자신의 의지를 발동하여 심신에 힘을 주어 억지로 하는 행위를 강위強爲라고 한다. 한편 앞에서 말한 것처럼 열린 태도로 스스로 일어나는 자발적인 행위를 운위云爲라고 한다. 이 두 말에 적용해 본다면 붓다가 나무 아래 좌선에서 이룬 패러다임의 전환은 강위인 습선적 수행에서 운위인 좌선적 수행으로 가는 근본적인 전환이었다.

붓다가 명상과 고행을 단념한 것은 그것이 어디까지나 방법론이었기 때문이다. 명상과 고행 전문가에게서 배운 방법은 자아가 몸과 마음을 통제하기 위한 기술이었다. 그러므로 하면 할수록 자아의 의식이 강화된다.

붓다는 자아가 만들어낸 문제나 고통은 자아의 노력으로는 해결할 수 없다는 것을 깨달은 것이 아닐까.

두잉에서 빙으로

지금 여기에
존재하라

붓다는 의지나 의욕을 통해 자아의 자유를 손에 넣으려는 명상이나 고행을 중단했다. 그리고 모든 것을 중단하고 그저 나무 아래에 앉아서 자아로부터 나오는 자유라는 유쾌를 맛보았다. 영어로 말하자면 '두잉(doing, 행위하는)' 모드에서 '빙(being, 존재하는)' 모드로 전환한 것이다.

목적을 향해 질주하는 '두잉 모드'와 달리 '빙 모드'에서는 특별히 해야 하는 일도 없고 새삼스럽게 가야 할 장소도 없다. 그 대신 지금 여기에 존재하여 이곳에서 일어나는 모든 일을 깨닫고, 서서히 익숙해질 수 있다.

좌선을 지도할 때는 조신調身, 조식調息, 조심調心이라는 말을 쓴다. 자세를 고르고, 호흡을 고르며, 마음 상태를 고른다는 의미다. 실제로 이것들을 실천할 때는 두잉 모드와 빙 모드, 어느 쪽으로 하느냐에 따라 큰 차이가 나타난다.

우리는 내버려두면 대체로는 자신의 의식적 노력으로 어떤 바람직한 상태를 향해 일방적으로 신·식·심을 고르려 한다. 마치 자신이 이미 바람직한 상태를 알기라도 한다는 듯이, 상명하복식으로 그것을 욱여넣는 것이 두잉 모드다. 머릿속에 있는 의식(상부)이 신·식·심에 어떤 상태를 강제한다. 이것이 강위의 습선에 해당한다.

그러나 그것과는 대조적으로 아래에서 위로 가는 방식도 있다. 우리의 심신(하부)에는 자기 조정 능력이 있어서, 스스로 고르려 한다. 그것을 신뢰하고 완전히 내맡긴 채 그 작용을 방해하지 않고 따름으로써 자연히 자세나 숨, 마음이 골라지는 것이다. 이것이 빙 모드다. 운위의 좌선에서는 이러한 방법을 연구해야만 한다.

하지 않기

유쾌한 인생을 위해
반드시 필요한 능력

두잉 모드에서 빙 모드로 전환하기 위해서는 쓸데없는 두잉을 멈춰야 한다. 그것을 영어로는 '원래 상태로 되돌리다'라는 의미의 접속사 'un'을 붙여서 언두잉undoing이라고 한다.

좌선을 늘리는 것이 아니라 최대한 줄임으로써 '부처가 되어감'을 섬세하게 감지하는 작업이다. 자신이 하는 일이 적으면 적을수록 더욱 깊은 미지의 무언가를 얻을 수 있을 것이다. 붓다가 자기 자신과 세계의 실상을 철저히 바라볼 수 있었던 것은 그것 때문이었다.

이 언두잉 자세를 다른 측면에서 생각해 보자.

낭만파 시인 존 키츠(John Keats, 1795~1821)는 동생에게 보낸 편지에서 이렇게 말했다.

> 나는 소극적 수용력(negative capability)을 말하고 있어. 즉 조급하게 사실이나 이유를 찾으려 애쓰지 않고 불확실성, 신비, 의심 속에서 머물 수 있는 능력이지.

소극적 수용력은 키츠가 만든 조어다. 그는 그것을 창의적이고 위대한 일을 이루는 사람이 지닌 특질이라고 했다.

나는 바로 그것이야말로 뜻대로 되지 않는 인생을 유쾌하게 살아나가기 위해 반드시 필요한 능력이라고 생각한다. 그것은 미지를 당장 기지로 바꾸어 안주하려 하지 않고, 뒷걸음치지도 않으며, 미지와 직면하여 거기에서 일어나는 일을 기다리고 받아들이는 힘이기 때문이다.

키츠의 이 말은 일반적으로 소극적 수용력이라고 번역되지만, 나는 이를 '하지 않는 능력'이라고 말한다. 그것은 생각을 좇지 않고 올바른 자세와 조용한 호흡으로 계속 앉아 있는 좌선에 필요한 능력이자, 빙 모드로 좌선함으로써 자연히 길러지는 능력이다.

일반적으로 능력이라고 하면, 무엇인가를 이루기 위한 능동적 수용력positive capability만 높이 평가한다. 그러한 풍조 속에서는 문제를 조금이라도 빨리 해결하려고 초조해하며 두잉 모드를 작동시키는 것을 당연시한다.

그러나 그렇게 하면 미래의 일이나 과거의 일, 즉 자신의 머릿속에서 생각한 것으로만 마음이 향하기 마련이다. 지금 여기에서 실제로 일어나는 일을 거의 체험할 수 없게 된다. 그리고 세계를 직접적으로 체험하여 자신의 인생을 자유롭게 살아가는 것이 아니라, 머릿속에서 만든 이야기만을 거듭 살아가게 된다.

깨닫는다는 것은 그러한 사고의 세계에서 확실히 깨어나서 현실에 굳건히 발을 딛고 살아가는 일이기도 하다.

가부좌를 틀고, 손을 모으고, 입을 닫고, 생각을 풀어놓는 좌선은 그야말로 철저한 '하지 않는 모습'이라 할 수 있다. '하지 않기'를 온 힘을 다해서 하는 소극적 수용력의 발현이다.

지금 자신의 안팎에서 실제로 일어나는 일은 이 우주에서 단 한 번만 일어나는 미지의 사건이다. 모든 감각 능력을 열어젖히고 그 무한한 풍요로움과 계속 만나는 것이 좌선 수행의 내실이다.

수행

즐거운 탐구가
끝없이 이어지는 길

지금까지 좌선에 관해 말로 설명했는데 '행'이라는 것은 실은 '말로 하려 해도 할 수 없는 것'이다. 말로 이해할 수 있는 것이라면 굳이 몸과 마음을 걸고 수행할 필요가 없다. 말로는 표현할 수가 없고 논리로는 생각할 수 없는 것을, 수행을 통해 실제로 체득하자는 것이 선의 메시지다.

냉난자지冷暖自知라는 선어가 있다. 물이 차가운지 뜨거운지는 직접 마셔 보고 스스로 아는 방법 말고는 없다는 뜻이다. 이것이 바로 선에서 배우는 방식이다.

예전에 어떤 초등학교 선생님이 이런 이야기를 했다. 소풍을 갔는데, 선생님이 길가에 핀 꽃을 가리키면서 "이건 ○○초예요. 알고 있나요?"라고 묻자 "네, 도감에서 봐서 알고 있어요"라고 대답하는 아이가 많았다고 한다. 그렇지만 가까이 다가가서 보거나 손으로 만지거나 냄새를 맡으려고는 하지 않았다. 그 꽃을 도감에서 본 것만으로 이미 알았다고 생각하는 것이다. 지금은 앎이 그만큼 머릿속 이해에 치우

쳐 있는 듯하다.

이 앎이라는 것에 관해 철학자인 니시타니 게이지(西谷啓治, 1900~1990)는 다음과 같이 말했다.

> 과학적인 앎은 그것을 얻은 과학자 자신에게도 어떠한 영향을 미치겠지만, 그렇다고 자기를 아는 것이 되지는 않는다. 그런 의미에서, 자지自知라는 방향에서는 오히려 과학자가 일반인보다도 더 어두운 경우도 드물지 않다. 그가 자신의 과학적인 앎에 속아서 더욱 자지에 어두운 일도 일어난다. 그것은 모두 과학적인 앎이 전심신全心身적인 앎을 필요로 하지 않는 앎, 신체적인 행위로부터 따로 떨어진 앎이기 때문이다.
>
> 니시타니 게이지 『종교와 비종교 사이』

이 지적에 따르면 '도감에서 봐서 아는' 앎은 그야말로 '신체적인 행위에서 따로 떨어진 앎'이다.

좌선은 이러한 방식으로는 절대 알 수 없다. 좌선을 알기 위해서는 머릿속 이해뿐 아니라 몸과 하나가 된 수행적인 앎의 방식(지행합일)을 배워야 한다. 그리고 그것은 '이미 충

분히 알았으므로 이제 됐다'는 완성이나 졸업이 있는 것이 아니다.

선은 자기구명(自己究明, 진실한 자기를 밝히는 일)의 길이라고 하는데 그 자기가 시시각각 신선하게 생성되는 이상 즐거운 탐구가 끝없이 이어질 뿐이다. 이것이 바로 수행에는 끝이 없다고 하는 이유다.

불교를
배운다는 것

나를 배운다는 것

내가 미국에서 선을 지도할 때 만난 사람 중에는 불교서를 많이 읽고 불교를 잘 '아는'(자신은 그렇게 생각하는) 사람이 많았다. 일본의 스님이 보기에는 놀랄 정도로 어려운 불교서를 읽는 사람도 적지 않았다.

그러나 니시타니 게이지가 말하듯, 그것이 반드시 자기 자신을 아는 것으로 이어지지는 않는 듯하다. 머리를 써서 불교를 공부했는지는 모르지만 자기를 아는 전심신적 수행이 아니었던 것이다.

앞에서 말한 『금강경』의 전문가 덕산선감을 떠올려보라. 그 또한 그런 사람으로, 주막의 여주인에게 혼쭐이 나지 않았는가.

그는 그렇게 열심히 학문을 했음에도 '나는 아무것도 몰랐구나' 하고 새삼스럽게 깜짝 놀라 태도를 바꾸어 선의 도량에 입문했다. 불교를 배운다는 것은 불교를 자신의 바깥에 두고 대상으로 배우는 것이 아니다.

도겐은 다음과 같이 말한다.

불교를 배운다는 것은 자기를 배운다는 것이다.

도겐 『정법안장』

거듭 말하지만, 우리는 연기에 의해 존재한다. 그러한 세계에서 우리는 항상 지금의 상황을 만들어내면서 동시에 상황에 휘말려 계속 새로이 생성되고 있다. 자기란 상황에서 따로 떨어져 존재하는 것이 아니라 상황까지 전부 합친 것으로 존재한다. 그러한 생생한 자기를 전심신적으로 그리고 직접적으로 배우는 것이 좌선의 안목이며 불도 수행인 것이다.

붓다는 그러한 자기의 배움을 평생 이어온 단단한 신념을 지닌 학생이었다. 그리고 그것을 누구보다 즐긴 사람이다. 우리가 붓다에게서 배울 점은 유쾌하게 계속 배우는 삶을 살아가는 것이 아닐까.

Chapter

4

유쾌하게
사는 법

三

유쾌한 삶의 조건

사는 것 자체가
기쁜 전생

우리는 지금까지 불교의 수행을 '배움'이라는 관점에서 검토했다. 불교라는 전통의 시작에 있는 붓다를 종교가가 아닌 한 사람의 위대한 학생으로 간주하면, 학교적 배움과는 다른 오가닉 러닝에 대한 수많은 힌트를 얻을 수 있을 것이다.

붓다가 생각한 배움이란 불교 경전을 읽는 것이 아니라 '자기를 어떻게 배울 것인가' '인생이라는 텍스트를 어떻게 깊이 읽을 것인가'라는 넓은 의미의 배움이지 않을까. 경전에 남겨진 붓다의 말을 그런 관점에서 읽어 보는 것도 재미있는 시도일 것이다.

앞에서는 좌선을 중심으로 하는 선 수행에 관해 말했다. 선 수행은 모든 경험에서 오가닉하게 배움으로써 자신이 자연스럽게 성숙해간다는 점에서, 아기가 아무것도 모르고 행하는 배움과 닮은 점이 있다.

도겐은 『정법안장』「수문기隨聞記」에서 '좌선하면 자연히 좋아진다'고 말한다. 수행하는 동안 본인의 의식에 올라타지 않고 좋아지는 상태로 변해가는 일은, 마치 안개 속을 걷다 보면 자신도 모르는 사이에 입은 옷이 흠뻑 젖어 있는 것과 같다. 언제 어디에서 왜 그런 일이 일어나는지를 특정하는 것은 곤란하다.

안개 속을 걷는다는 과정 자체가 자연스럽게 그러한 변화를 일으키는 것이지, 그 사람은 좋아지려고 특별한 일을 한 것이 아니다. 수행 생활 전체가 유기적으로 작용함으로써 시간이 흐름에 따라 좋아지는 것이다.

그러나 그러한 일이 일어나기 위해서는 다양한 조건이 마련되어야 한다. 수행이라는 것은 발효 현상과 같다. 인간에게 유용한 발효로 향하기 위한 조건이 마련되지 않는다면 아무 일도 일어나지 않는다. 혹은 어설프게 발효되면 인간에게 해로운 부패의 방향으로 나아갈 수도 있다.

이러한 불교의 수행에는 수행승뿐 아니라, 넓게 보아 모든 사람이 유쾌하게 살아갈 수 있는 비결이 숨어 있다. 그렇기에 도겐은 출가 재가를 불문하고, 지혜와 재각才覺의 차이를 논하지 않고 모든 사람에게 널리 좌선을 추천한 것이다.

따라서 이 장에서는 유쾌한 삶의 방식이 발효되는 배움

의 조건에 관해 생각해 보고자 한다.

그 전에 내가 생각하는 '유쾌'란 어떤 것인지, 조금 설명하겠다. 감기를 건강을 위한 하나의 과정이라고 보는 정체整体요법을 창시한 노구치 하루치카(野口晴哉, 1911~1976)다. 나는 그가 '유쾌'라는 말을 쓰는 방식을 좋아해서 이 책의 키워드로 삼게 되었다.

가령 그는 유쾌의 중요성에 관해 다음과 같이 말했다.

유쾌하게 생애를 살아가는 것이 전생(全生, 생을 다하는 것)이다. 축축하게 숨을 쉬면 전생은 불가능하다. 건강하게 살아가기 위해서 유쾌만큼 소중한 것은 없다.

사소한 이해나 체면을 위해 그 유쾌를 잃고 살아가는 사람은 불행하다. 심지어 자신의 유쾌를 잃는 것뿐 아니라 타인의 유쾌를 빼앗기도 한다. 이는 악이다.

자신의 유쾌를 소중히 여기는 사람은 타인의 유쾌도 소중히 여기고 상처 주지 않도록 하자. 이것이 전생의 길이다.

월간 『전생全生』 2006년 11월호

언제나 발랄하고 생기 있고 건강하며, 사는 것 자체가 기쁘고, 자신의 혼을 느끼는 상태. 그는 이것을 '유쾌'라고 불렀다. 그것은 단순한 즐거움보다도 존재의 더 깊은 곳에서 맛볼 수 있는, 신체에 뿌리내린 기쁨이다.

앞서 말한 '자연스럽게 좋아진다'는 것은 생활 속에서 유쾌라는 의미를 개발하는 것이라고 나는 이해했다. 그러한 유쾌가 개발되기 위한 자양분인 배움이 일어나기 위해서는 어떤 조건이 필요할까? 몇 가지 힌트를 말해보려 한다.

三

두카

있는 그대로 보고
이해하고 받아들이자

사람은 문제나 난관에 부딪히면 '싸울지 도망갈지fight or flight'라는 본능적인 반응이 일어나기 마련이다. 물론 그것이 유효할 때도 있다. 그러나 살아 있는 한 누구도 도망갈 수 없는 두카에 있어서 만큼은 그다지 도움이 되지 않는다.

붓다는 싸우는 것도 아니고 도망치는 것도 아닌, 제3의 길을 제시했다. 그것은 '만지고 잘 보는 것'이다.

아기가 울 때 대체로 사람들은 혼내면서 억지로 울음을 멈추려 하거나 보지 않는 척하며 방관하거나 하지 않는다. 우선은 안아 올려 기저귀가 젖어 있지는 않은지, 열은 없는지, 잠투정은 아닌지, 배가 고프지는 않은지 등 무슨 일이 일어나는지를 잘 살피려 할 것이다. 그리고 그 결과에 따라 적절한 대응을 한다. 무엇인가를 하기 전에 우선은 조심스럽게 안아 올리고 잘 살피는 것이 여기에서의 포인트다.

두카를 대하는 과학의 방식은 '싸움'이었다. 세균을 물리치는 약을 개발해온 의학이 그 좋은 예다. 이런 말을 하면 동의하지 않는 사람도 있겠지만, 예술은 '도망치는 방법'이라 할 수 있다. 미에 도취되면 일시적으로 두카를 망각할 수 있기 때문이다.

그렇다면 종교는 어떨까? 대체로 우리를 '위로하기 위한' 방법이라 할 수 있다. '걱정하지 마. 죽어도 저세상이라는 멋진 세계가 있어서 그곳에서 모두가 기다리고 있어'라고 하듯.

그러나 불교는 위로하기 위한 종교가 아니다. 두카를 있는 그대로 보고 깊이 이해하고, 받아들이는 것을 가르치고 있기 때문이다. 즉 두카라는 인생의 사실을 안아 올리고 잘 살피고 그것에서 진정한 삶의 방식을 배워가는 것을 가르치는 것이다.

三

받들겠습니다

인생이 완전히
달라지는 각오

나는 3년 전, 데와산잔*에서 야마부시山伏 수행을 했다. 호시노 후미히로(星野文紘, 1946~) 스님의 지도를 받으며 2박 3일 동안 하구로산羽黑山, 갓산月山, 유도노산湯殿山이라는 세 산에 올랐다. 수행하는 동안 사적인 대화를 하는 것은 금지다. 유일하게 허용되는 말이 '받들겠습니다'였다.

다음에 무엇을 할지는 미리 알려지지 않았다. 호시노 스님이 직전에 무엇을 할지 큰 소리로 지시하면 우리는 단지 '받들겠습니다'라고만 답할 뿐이다.

이른 아침, 전날의 피로 때문에 이불 속에 있고 싶어도 '기상!'이라고 외치면 "받들겠습니다"라고 말하고 일어난다. 앉아서 잠시 쉴 때 '기립!'이라고 외치면 다리가 아파도 "받들겠습니다"라며 일어서서 걸어 나간다.

이렇게 '받들겠습니다'만 말하는 동안, 점점 무슨 말을 하

----
* 出羽三山, 일본 고유 신앙인 슈겐도修験道의 성지.

더라도 '받드는' 상태가 되어가며 자신 안에 있는 거부감이 줄어드는 것을 느낀다.

그렇게 되면 눈에 들어오는 광경도, 주변에서 들리는 소리도, 피부로 느껴지는 바람도, 공기 속에 감도는 나무와 풀의 내음도, 발이 딛고 있는 대지의 감촉도 그대로 직접 받아들이는 자신을 볼 수 있다. 심신이 무척 힘든 수행이었지만 받듦이라는 열린 태도를 배운 덕에, 힘든 것조차 유쾌하게 극복할 수 있었다. 도망치는 마음으로 싫어하면서 수행했다면 무척 아까웠을 것이다.

앞서 말한 노구치 하루치카는 '추우니까 심부름 가기 싫다면서 울먹이는 아이라도 눈싸움하자고 하면 기꺼이 찬 바람 부는 바깥에 나와 논다'는 예를 들며, 의욕의 유무가 얼마나 중요한지 자주 이야기했다.

이 받듦이라는 각오와 기세가 있는가 없는가에 따라, 공부든 일이든 수행이든 그리고 인생이든 완전히 달라지게 된다.

어차피 해야 하는 일이라면, 그리고 어차피 받아들여야만 하는 일이라면 우선 받들자는 마음으로 임하자. 내가 야마부시 수행에서 했듯, 자신에게 일어난 일에 대해 우선은 "받들겠습니다"라고 외치며 받아들여 보자. 그리고 무슨 일이 일어나는지 실험해 보는 것이다.

다음으로 소개하는 노구치 하루치카의 말은 이 받듦의 정신을 여실히 보여준다.

눈 내리는 산길을 무거운 짐을 진 채 오르는 것은 괴롭지만,
그 눈 덮인 산길을 즐기며 오르는 사람도 있다.
그 사람들은 무거운 스키 도구를 가뿐히 어깨에 짊어지고 간다.
그러므로 괴로움과 즐거움은 마음에 달려 있다.
누군가가 억지로 움직이게 하는 일은 괴롭지만,
스스로 움직이는 것은 즐겁다.
그러므로 누군가가 억지로 움직이게 한다는 생각을 갖지 않고
자발적으로 움직이는 것이 중요하다.
차가운 물도 누군가가 끼얹으면 감기에 걸리지만,
자발적으로 끼얹으면 감기에 걸리지 않는다.
밥도 누군가가 주지 않으면 굶어 죽지만
스스로 먹지 않으면 단식이므로 건강해진다.
우선 자신부터 움직이는 것이다.

자신부터 출발하는 것이다.

노구치 하루치카 『풍성명어風声明語 1』

4장 유쾌하게 사는 법

근본에 있는 나

지금
필요한 것을 하라

'받들겠습니다'는 자신에게 찾아온 모든 것을 선물로써 감사히 받겠다는, 무척 긍정적인 태도다.

이는 입으로 말하기는 쉽지만 행동하기는 어려우므로 의식적으로 훈련해야 한다. 사고나 감정에 휘둘리면 '내 인생이 지금 벼랑 끝에 있는데 받들겠다고 말할 처지야.'라고 생각하기 쉽다.

그러나 선의 도량에서는 "받들겠습니다"라고는 말하지 않지만 야마부시 수행과 마찬가지로 침묵으로써 받듦을 행하고 있다. 하루의 생활을 다양한 '소리'에 따라 묵묵히 나아간다. 종소리가 울리면 일어나고, 나무판 소리가 나면 좌선당에 들어가고, 또 다른 나무판 소리가 울리면 공양을 하고, 북소리가 울리면 작무*를 시작하는 식이다. 세세하게 정해진 스케줄에 따라 모두가 공동으로 움직이는 것이다.

----
* 作務, 청소 등 몸을 움직이는 수행.

선 승당의 수도 생활 규범인 도겐의 『영평청규永平淸規』「판도법辨道法」에는 다음과 같이 쓰여 있다.

> 수행자들이 좌선할 때는 나도 그들을 따라 좌선하고, 그들이 누워 잘 때는 나도 그들을 따라 잔다. 움직일 때도 멈출 때도 다른 수행승과 마찬가지로 하고 (중략) 나 혼자 다른 사람보다 뛰어나도 득 될 것은 없다. 다른 수행자들과 다르게 행동하는 것은 올바른 수행의 방법이 아니다.

이러한 생활 속에서는 자신의 개인적인 사고나 감정을 돌볼 여유가 없다. 그것들은 마음속 사건으로 일단 옆에 두고 좌선이나 작무 등 그때그때 해야 하는 활동에 몰두한다.

그러면 고민이 있더라도 그것에 휘둘리지 않고 어느덧 잊어버리기도 한다. 스스로 고민을 해결하려고 노력하지 않아도 수행 생활이 어느새 그것을 해소해 주는 것이다.

이는 사고나 감정의 억압도 아니며 부인도 아니다. 마음이 허용하는 힘이 강해져서 고뇌를 있는 그대로 마음속에 가만히 둘 수 있게 되는 것이다. 나도 몇 번인가 그런 경험을 했다.

가령 내가 낙담해 있는 동안에도 그런 것과 상관없이 밭에는 풀이 쑥쑥 자라난다. 작무 시간이 오면 받듦의 정신으로 자신에게 주어진 풀 뽑기에 열중하는 수밖에 없다.

당시의 나는 고민을 끌어안고 풀을 베는 것이 수행이고 배움이라고 생각했다. 그러나 매일매일 그러한 작무에 땀을 흘리는 동안 어느새 기분이 맑게 개는 것이었다. 그것은 감기에 걸렸는데 자기도 모르는 사이에 나아 버린 것 같은 감각이었다.

그때 풀 뽑기라는 일을 '받들겠습니다' 정신으로 하지 않았더라면, 분명 머릿속 고민과 격투를 벌이며 그것에 집어삼킨 채로 질질 끌려다니며 휘둘렸을 것이다. 이것저것 쓸데없는 처치를 하며 감기를 더욱 악화시키는 것과 다름없다.

눈앞에 있는 풀을 제대로 보고 정성스럽게 뽑는 행위를 통해 내가 깨달은 바는, 현실을 직시하고 일하는 내가 사고나 감정으로 고민하는 나보다 훨씬 '크다'는 점이었다.

그것은 살아서 일하는 내가 본本이고 생각하는 내가 말末이라는 것이기도 하다. 그러다 보니 사고나 감정 등의 고민을 단순한 마음속 사건으로, 그 이상도 그 이하도 아닌 그대로 놔둘 수 있었던 것이다.

어떤 체험이라도 받듦의 정신으로 유쾌하게 받아들이기 위해서는 살아 있는 본래의 '자기'와, 머리가 만든 혹은 사고와 감정으로 고민하는 '자아'와의 대소 관계나 본말 관계를 확실히 인식해 둘 필요가 있다. 그런 다음에 가지 끝에 있는 자아보다도 크고 근본에 있는 자기 쪽으로 무게추를 두고 살아가야 한다.

도겐은 이 자아를 오아吾我라고 부르면서, 수행에서는 오아와 떨어지는 것이 중요하다고 역설한다.

三

유쾌한 빙 모드

문을 활짝 열어야
통할 수 있다

도겐이 오아를 떠날 것을 강조하는 것은 오아에 매달려 있는 한 변하는 것은 불가능하기 때문이다.

예를 들어, 오아는 단단한 껍질로 둘러싸인 호두처럼 자自와 타他 사이에 단단한 보호벽을 치고 안으로 닫혀 있다. 모든 것이 변해가는 세계 속에서 이 방호벽 안만은 영향을 받지 않도록 자신을 지키려고 온 힘을 다해 버틴다.

이런 상태라면 그 사람 안에는 아무것도 스며들지 못한다. 따라서 배움은 일어나지 않는다. 전에도 말했듯이 배움이란 변하는 것이기 때문이다. 또한 언제나 겁먹은 상태이므로 유쾌하게 살 여유가 없다.

게다가 오아는 현실에 대해 '많다 적다, 길다 짧다' 하며 항상 원하는 바를 늘어놓고 불평불만과 푸념을 그칠 줄 모른다. 그것이 오아가 하는 일이기 때문이다. 그리고 항상 문제를 발견하고는 그것을 어떻게든 해결하기 위해 두잉 모드를 가동시키려 한다.

그것이 일어나는 그대로 모두 받아들이면 유쾌하게 사는 것은 불가능하다. 살아가는 것 자체가 무조건 즐겁다는 '유쾌함'은 빙 모드에 속하기 때문이다.

만약 오아인 채로 두잉 모드로 열심히 수행하면 오아를 점점 더 비대화시키게 된다. 이렇게 되면 더욱 낯이 두꺼운 오아만 남을 뿐이다. 그러므로 유쾌한 삶으로 이어지는 불도의 배움은 '오아와의 분리'라는 올바른 방향을 정하고 행해야 한다.

오아를 벗어나는 것은 오아라는 방위 장치를 해제해 가는 것을 뜻한다. 자와 타를 구별하는 두꺼운 방호벽에 구멍을 뚫고 바람이 통하도록 하여 외부와의 생생한 연결이나 교류를 되돌리는 일이다. 신체적으로는 긴장에서 편안함으로, 심리적으로는 폐쇄에서 개방으로 변화가 일어나는 것이다.

이런 의미에서 좌선은, 닫힌 오아라는 단단한 봉오리가 좌선이라는 힘에 의해 열린 자기로 부드럽게 꽃피는 모습이라 할 수 있다. 활짝 핀 연꽃 위에 붓다가 좌선하는 그림을 종종 보는데 '활짝 핀 연꽃'과 '붓다'와 '좌선'의 조합은 이렇게 생각해 보면 단순한 우연이 아니라 필연이라고 생각된다.

붓다란 열린 자기를 살아가는 사람이기 때문이다.

인생을 봉오리처럼 닫고 살지, 아니면 꽃처럼 열고 살지, 어느 쪽이 유쾌한지는 두말할 것도 없다.

수행의 완성

불방일하자

자아의 알맹이인 사고나 감정은 다양한 조건으로 일시적으로 일어나 사라지는 사건에 지나지 않는다. 그러나 우리에게는 자아와 자기를 동일시하여 잘못 받아들이는 버릇이 있다. 사실은 자기 안에 사고나 감정이 일어나는데 마치 사고나 감정 안에 자기가 있는 듯 느낀다.

이는 사고나 감정이라는 술을 너무 많이 마시는 바람에 취해서, 전후불각*에 빠져들어 버린 상태와 같다. 취기가 몹시 심해지면 심지어 자신이 취해 있는 것조차 알 수 없게 된다. 우리는 취한 상태에서는 아무것도 배울 수 없다는 사실을 안다. 오아란 이런 상태를 가리키는 말이다.

붓다는 이 세상을 떠날 때 "제자들이여, 불방일**하여 수행을 완성시키라"라는 말을 남겼다. 방일放逸이라는 것은 앞

....

* 前後不覺, 앞뒤의 구별도 할 수 없을 만큼 정신이 없는 상태.
** 不放逸, 수행을 게을리하지 않음. 악을 저지르지 않고 선을 행함.

에 말한 몹시 취한 상태를 가리킨다. 즉 불방일이란 깨어 있는 상태, 취기가 가신 상태다. 수행이라는 것은 깨어 있는 상태에서 해야 하는 것이다.

다음의 붓다의 말은 불방일이 유쾌한 인생에 있어서 지극히 중요하다는 것을 가르쳐 준다.

불방일은 불사의 길이다.
방일은 죽음의 길이다.
불방일하는 사람들은 죽지 않는다.
방일하는 사람들을 죽어 있는 것과 같다.

이것을 확실히 알고
불방일한 현자들은
불방일을 기뻐하고
성스러운 경지를 즐긴다.

『법구경法句経』

위파사나

깨어 있는 얼굴로
그대로 보는 것

불교 명상의 포인트는 '깨어 있는 얼굴로 시시각각의 체험을 있는 그대로 확실히 보는 것'에 있다. 그것을 불교에서는 위파사나Vipassanā라고 한다. 팔리어로 '위'는 '구별', '파사나'는 '본다'는 뜻이다.

수행을 통해 정확하고 정밀하게 볼 수 있게 된 눈을, 나는 '해상도가 높은 눈'이라고 부른다. 물론 여기에서 눈은 육안이 아니다. 내적 세계를 감지하는 감수성을 가리킨다.

과학의 역사를 보면 지금껏 없었던 관측 장치의 발명이 계기가 되어 인간의 앎의 영역이 단숨에 넓어지고, 세계의 새로운 모습이나 법칙이 발견되었다. 예를 들어, 망원경 발명이 천문학을, 현미경 발명이 생물학을 각기 비약적으로 발달시켰다.

서양 문명은 이러한 외적 세계를 관측하는 장치의 개발에 크게 기여했다. 한편 동양 문명, 특히 불교는 내적 세계를 관측하는 장치 개발에 기여했다. 그것이 위파사나다.

불교는 명상 수행을 통해 길러진 해상도 높은 눈을 지니고 내적 세계를 관찰함으로써, 그곳에서 일어나는 현상을 지배하는 법칙을 도출해왔다. 불교가 축적해온 견지는 현재에 이르러 서양의 뇌과학자, 인지과학자, 심리학자, 임상심리사들로부터 주목받고 있다.

해상도에는 공간적 해상도와 시간적 해상도가 있다. 공간적 해상도란, 가령 해상도가 낮은 눈으로는 분홍색으로 보이는 한 올의 실이, 실제로는 빨강과 하양 두 가닥의 실이 꼬여 있음을 식별하는 힘이다. 시간적 해상도란 이른바 동체시력 같은 것이다. 해상도가 낮은 눈에는 동시에 일어나는 듯 보이는 현상이 실은 시간상으로 전후하는 두 개의 다른 현상이라고 식별하는 힘이다.

이렇듯 해상도가 높은 눈으로 내적 체험을 관측하는 것에서 도출된 법칙 중 하나가 '괴로움=고통×저항'이라는 공식이다.

일반적으로는 '괴로움=고통'이라고 생각하지만, 공간적 해상도를 올려서 관찰하면 그곳에 '저항'이라는 요인이 하나 더 있다는 사실이 보인다. 괴로움이란 고통과 그것에 대한 저항이라는 두 요소가 서로 얽힌 것이다. 이때 저항이라는 것은 신체적으로는 근육의 긴장이 커지는 것, 심리적으로는 고통의 존재를 부인하려는 것을 뜻한다.

가령, 신체적인 고통이 일어났다고 하자. 그 순간에 느끼는 것은 '고통'이라는 감각뿐이다. 그러나 시간적 해상도를 높여서 관찰하면 '아프다'는 감각에 몸이 저항함으로써 근육의 긴장이 커지거나 '아, 싫다'는 생각이 나오는 순간 괴로움이 배가된다는 일련의 과정이 보인다.

이러한 세세한 내적 체험의 세계가 보이면, 살아 있는 한 피할 수 없는 신체적 고통에 대해서는 수용하고, 그것과는 구별할 수 있는 내적인 저항은 훈련을 통해 약화시킬 수 있다. 나아가 고통에 대한 부적절한 반응을 그만두고 적절한 대응을 할 수 있게 되며, 결국 고통을 줄일 수 있다.

그러나 해상도가 낮으면 애초에 무엇이 고통이고 무엇이 저항인지를 식별할 수 없다. 어느 순간 깨달으면 이미 저항해 버린 상태라서 손쓸 방도가 없는 것이다.

불교에는 '첫 번째 화살, 두 번째 화살'이라는 비유가 있다. 지금의 공식에 적용해 보면, 고통은 첫 번째 화살, 저항은 두 번째 화살이라는 말이 된다. 붓다는 범인과 마찬가지로 첫 번째 화살을 받기는 하지만, 범인과는 달리 두 번째 화살은 받지 않는다. 즉 저항이 0인 것이다. 그렇다면 고통은 느끼더라도 괴롭지는 않게 된다.

이것이 '괴로움의 공식'이라면, 그것과 짝을 이루는 '행복의 공식'도 있다. 그것은 '행복 = 쾌감 ÷ 집착'이다. 이는 쾌감에 대한 집착의 정도를 올리면(가령 더욱 욕망하거나 독점하려 한다면) 안타깝게도 행복의 정도가 나눠지므로 줄어들어 버린다는 것을 드러낸다.

이 두 공식이 올바르다면 괴로움을 줄이고 행복을 늘리기 위해서는 고통에 대한 저항을 줄이고 쾌감에 대한 집착을 줄이면 된다는 말이 된다. 요컨대 고통도 쾌감도 있는 그대로 받아들이는 것이다.

살아 있는 한 우리는 고통과 쾌감에 불가피하게 맞부딪칠 수밖에 없다. 그러므로 그러한 인생을 유쾌하게 살기 위해서는 자신 안에서 솟아나는 저항과 집착을 확실히 식별할 수 있는 해상도 높은 눈을 지니고 그것들을 줄이는 기술을 익혀나가야 한다.

해상도 높은 눈으로 보면, 살아 있는 세포를 현미경으로 봤을 때처럼 그곳에는 실로 유쾌한 내적 세계가 틀림없이 펼쳐질 것이다.

초심

아는 것부터
내려놓자

∴

 '배우다'는 영어로 'learn'인데, 불교의 수행에서는 'unlearn'도 마찬가지로 중시된다. 'learn'은 '익히다, 획득하다'라는 플러스 작용이지만 'unlearn'은 반대로 '지식을 버리다, 배운 것을 의식적으로 잊다, 지식·선입견·습관 등을 버리다' 등의 마이너스 작용이다.

 앞에서 나왔던 덕산선감은 주막 여주인에게 호되게 당한 뒤 가지고 갔던 경전을 모두 불살라버렸다. 그것은 새로운 배움을 시작할 때 낡은 지식을 버린다는 것을 상징하는 일화다. 'unlearn'의 중요함을 제시하는 이야기는 선의 세계에 많이 있다.

 인도에서 중국으로 선을 전파한 이는 달마대사였다. 그의 가르침을 이어받은 사람은 중국인 혜가(慧可, 487~593)였다.

 혜가는 달마에게 "제자로 삼아 주십시오"라고 몇 번이고 간청했지만 달마는 꿈쩍도 하지 않았다. 결국 각오를 보이기 위해서 자신의 왼쪽 팔을 절단해 버렸다. 혜가단비慧可斷

臂라는 유명한 일화다.

그는 스승의 가르침을 선입견 없이 받아들이기 위해 그동안 가지고 있던 중국의 상식이나 자신의 지식은 버린unlearn 것이다. 그것을 상징적으로 '단비'로 표현한 것이라고 나는 해석한다.

중요하기에 몇 번이고 거듭 말하지만, 나와 세계는 시시각각 변하는 것이다. 그렇기에 기존에 배워왔던 지식에 머무르지 말고 그것을 내보내고 아직 알지 못하는 것, 즉 미지에 순수하게 설레는 마음으로 마주하자. 발랄한 유쾌는 그러한 초심에 깃든다.

서양에 선을 널리 알리는 데 크게 공헌한 스즈키 순류(鈴木俊隆, 1905~1971)라는 조동종 승려가 있다. 그는 샌프란시스코 선 센터를 창립한 인물이다.

그의 유명한 말 중에 다음과 같은 것이 있다.

초심자의 마음에는 수많은 가능성이 있다. 그러나 전문가라고 불리는 사람의 마음에는 그것이 거의 없다.

스즈키 순류 『선 마인드 비기너즈 마인드禅マインド ビギナーズ・マインド』

선의 마음은 초심자의 마음이다. 불교 수행이란 우리가 초심 그 자체였던 아기 때 발휘한 놀라운 오가닉 러닝의 힘을 어른이 되어서 자각적으로 되돌리기 위한 것이다. 그것은 초심자의 마음을 얼마나 지니고 있는지에 달려 있다.

언제나 초심자로 존재하는 것이 우리가 유쾌하게 살아가는 데 가장 중요한 배움의 자세일 것이다.

그래서 쓷다 **유쾌하게**

산다는 것

맺음말

—

나는 어떻게 삶을
배워나갈 것인가

—

붓다를 본보기로 삼아 '유쾌하게 사는 법'으로 이어지는 배움의 방법에 관해 지금까지 이야기해 보았다.

이 책에서는 사고의 틀을 말했을 뿐, 더 구체적인 방법은 제시하지 않았다. 좌선의 훌륭함에 대해서는 언급했지만 좌선하는 방법은 설명하지 않았다. 그런 것을 알고 싶었는데 '결국 어쩌라는 말이지?' 하며 답답함을 느끼는 분도 있을 것이다. 그렇다면 한번 더 사과드리고 싶다.

그러나 여기에서 그러한 기대에 호응하기 위해 구체적인 방법을 열심히 소개하는 것은 이 책의 취지에 반한다. 방법론 이전의 배움의 태도가 중요하다는 것을 전하는 일이 이 책의 목적이었기 때문이다.

이 책을 읽고 불교에서 하는 배움의 방법을 실행해 보고자 하는 마음이 들었다면, 선이 가르치는 '실제 경험을 통해 체득하라'는 정신으로 무엇이 되었든 가까운 곳부터 실천하는 것이 가장 좋다. 사고의 틀만 안다면 그다음에는 자기 나름대로 배움의 방법을 찾을 수 있을 테니까.

중간에 잘 모르는 것이 있거나 답답하더라도 그 상태를 굳이 바꾸려 하지 말고 그곳에 잠시 머물러 보자. 답을 내려고 초조해하는 것이 아니라, 잘 모르는 것을 무엇이든 받아들여 보자. 그것이 소극적 수용력이다. 잘 모르는 것도 즐기다 보면 그곳에서 새로운 배움의 길이 열릴 수 있다.

나는 최근 몇 년 동안 슬랙라인slackline이라는 스포츠에 빠져 있다. 슬랙라인이란 탄력 있는 벨트를 두 나무 사이에 연결해서 묶은 뒤, 그 위를 외줄 타기처럼 걷는 운동이다. 벨트는 상하좌우로 계속 움직이므로 균형을 잡기가 힘들어서 처음에는 위에 올라가는 것조차 불가능한 듯 보였다. 그래도 지금은 어찌어찌 완전히 건널 수 있다.

어떻게 그 위를 걸을 수 있게 되었는지는 설명할 수 없다. '오르면 떨어지고, 떨어지면 오르고를 반복하며 즐기는 사이에 어느새 가능해졌다'고밖에 말할 방법이 없다. 슬랙라인과 함께 무념무상으로 노는 사이에 어느새 무엇인가를 배우고 변해 버린 것이다.

그것과 마찬가지로, 인생에서 내 마음대로 되지 않는 일이 항상 일어나더라도 오르는 것에서도 떨어지는 것에서도 똑같이 배워 나가는 것을 무심하게 즐겨 보자. 붓다라는 대선배가 당신을 응원해 주고 있으므로, 괜찮다. 굿 럭!

지은이 **후지타 잇쇼藤田一照**

1954년 에히메현 출생. 도쿄대학 교육학부 교육심리학과를 거쳐 대학원에서 발달심리학을 전공했다. 28세에 박사 과정을 중퇴하고 선 도장에 입산, 득도했으며, 33세에 도미한 이래 17년 반에 걸쳐 미국에서 좌선을 지도한다. 스타벅스, 페이스북 등 미국 대기업에서 좌선을 지도하고 조동종曹洞宗(중국의 오가 칠종 중 선종의 일파) 국제 센터 소장을 역임(2010~2018년)했다.

저서로 《현대 좌선 강의現代坐禅講義》(가도카와 소피아 문고), 《지나치게 생각하지 않고 사는 법禅僧が教える考えすぎない生き方》(다이와쇼보) 등이 있으며 공저로 《느끼고, 허용하는 불교感じて、ゆるす仏教》(가도카와), 《선의 교실禅の教室》(주코신쇼) 등이 있다. 역서로 《선마인드 비기너즈 마인드 2禅マインドビギナーズ・マインド 2》(스즈키 슌류鈴木俊隆 저, 산가신쇼), 《선으로 가는 열쇠禅への鍵》(틱낫한 저, 슌주샤) 등이 있다.

옮긴이 **박제이**

출판 기획·번역자. 고려대학교 문예창작학과를 졸업하고 이화여자대학교 통역번역대학원에서 한일전공 석사 학위를 취득했다.

옮긴 책으로는 《너의 이름은.》, 《포스트 자본주의》, 《원전 프로파간다》, 《악이란 무엇인가》, 《목소리와 몸의 교양》, 《일본의 내일》, 《공부의 철학》, 《공부의 발견》, 《책이나 읽을걸》, 《싫지만 싫지만은 않은》, 《첫사랑, 다시》, 《무지개다리 건너 또 만나자》, 《고양이》, 《고양이를 찍다》, 《고양이 집사 매뉴얼》, 《히사이시 조의 음악일기》, 《11월 28일, 조력자살》 등 다수가 있다.

그래서 붓다
유쾌하게 산다는 것

1판 1쇄 발행일	2022년 6월 15일
지은이	후지타 잇쇼
옮긴이	박제이
발행인	박선정, 이은정
편 집	강정애
디자인	새와나무
발행처	독개비출판사
출판등록	제 2021-000006호
주 소	경기도 고양시 덕양구 능곡로13번길 20, 402호
팩 스	0504-400-6875
이메일	dkbook2021@gmail.com
ISBN	979-11-973490-4-1 03220

ⓒ 독개비

이 책은 저작권법에 따라 보호받는 저작물이므로 무단 전재와 복제를 금지하며, 이 책 내용의 전부 또는 일부를 이용하려면 반드시 저작권자와 독개비출판사의 서면 동의를 받아야 합니다.

* 파본이나 잘못된 책은 구입하신 곳에서 바꿔드립니다.